광주문화재단 누정총서 6

송강정

글 이상원
현판 번역 김대현

광주문화재단 누정총서 6

송강정

글 이상원
현판 번역 김대현

심미안

책을 펴내며

지혜의 보고, 누정여행 길잡이

　현대를 사는 우리들은 항상 무엇인가에 쫓기듯 살아갑니다. 자주 시계를 보며 시침과 분침은 물론 초침까지도 살피게 됩니다. 저마다 삶을 영위하기 위해 벌이는 사투는 육체와 정신을 피로하게 합니다. 너나없이 삶의 의미를 묻게 되고 쉴 만한 곳을 찾게 됩니다. 잠시라도 여유를 갖고자 여행을 꿈꾸기도 합니다.
　광주문화재단의 풍류남도나들이 사업은 이러한 의문과 소원에서 탄생하게 되었습니다. 선조들의 삶과 그 내면을 들여다보며 가르침을 얻으려 한 것이지요.
　광주와 담양이 만나는 무등산 자락에는 빼어난 풍광은 물론 지혜의 보고가 펼쳐져 있습니다. 자연의 아름다움을 한껏 품은 자리에 자연을 거스르지 않으며 조화롭게 자리한 누정들이 그것입니다. 세상의 명예와 부귀를 탐하지 않고 오로지 자연을 벗 삼아 자기 수양에 힘썼던 선비들의 올곧은 삶. 그들의 깊이 있는 학문과 수준 높은 문학작품은 각박한 시대를 살아가는 우리에게 많은 울림과 감동을 전해 주고 있습니다.
　하지만 그들의 삶과 학문과 문학작품에 한 걸음 다가가기 위해서는 딱딱한 전문서적과 씨름해야 하는 어려움이 남아 있었습니다. 배낭 하나 메고 훌쩍 떠나는 여행길에서 몸과 마음을 풍요롭게 할 만한 누정 길잡이 책은 왜 없을까. 누정총서 시리즈를 기획하고 발간하게 된 까닭입니다.

　이번 총서에서는 9곳의 누정을 다루었습니다. 일동삼승(一洞三勝)이라 불리는 소쇄원, 식영정, 환벽당을 비롯하여 독수정, 명옥헌, 면앙정, 취가정, 풍암정, 송강정입니다. 광주에는 수많은 누정이 있지만, 그 역사적 연원과 당대의 인지도를 감안할 때, 무등산 자락 누정들의 안내서가 더 시급하다고 여겼기 때문입니다. 총서의 순번은 누정의 건립연대와 그곳에 얽힌 인물들을 고려하여 매겼으나 자료의 많고 적음에 따라 부득이 몇 곳은 합본을 하였습니다.

　이번 총서는 쉽고 재미있습니다. 의미도 깊습니다. 필진으로 참여한 전문 연구자들이 일반 독자들을 배려한 애정이 곳곳에서 빛을 발합니다. 좀 더 관심 있는 독자를 위해 누정 현판의 원문과 번역도 함께 실었습니다. 다양한 각도와 때를 달리한 사진들은 텍스트와는 또 다른 책 읽는 즐거움을 선사할 것입니다.

　우리는 이 책들이 무등산 자락 누정을 찾는 여행객들의 사랑을 듬뿍 받기를 소원합니다. 삶의 의미를 되새기고 마음의 정화를 얻어가는 지혜의 여행길에 일조하는 안내서가 되길 바랍니다. 그리고 첫발을 내디딘 누정총서에 더 많은 누정들이 소개되기를 바랍니다.

　누정총서 발간에 애쓰신 분들의 노고에 깊은 감사를 드립니다.

2018년 초겨울
광주문화재단 대표이사 김윤기

차례

책을 펴내며   4

1. 송강은 알아도 송강정은 모른다   12

2. 송강 옆 언덕 위의 정자   18
　의외로 가까운 송강정
　죽록정인가? 송강정인가?
　송강정은 언제부터 있었을까?
　"이름 빌린 지 삼십 년"

3. 인연의 끈, 송강 정철과 전라도 창평   32
　송강 정철은 서울 태생이다
　을사사화로 집안이 풍비박산 나다
　할아버지와 큰아버지의 고향 창평으로
　송강에게 창평은 어떤 곳이었을까?
　제2의 고향 창평
　유배지나 다를 바 없는 창평
　드디어 벼슬길에 나서다
　송강 벼슬살이의 변수가 된 성품
　동서 분당, 그 혼돈의 정치
　첫 번째와 두 번째 낙향
　세 번째와 네 번째 낙향
　정여립 모반 사건이 터지다
　위관이 되어 파란을 일으키다
　호남에 큰 상처를 남기고 숨을 거두다

4. 송강정의 운명　　　　　　　　　　　62
　주인이면서 손님처럼 빌려 쓴 송강정
　송강이 죽은 뒤, 송강정은 어떻게 되었을까?
　버려진 송강정
　송강정보다 환벽당과 식영정을 아낀 후손들
　기와 정자로 다시 태어나다

5. 송강정에서 노래한 작품들　　　　　　82
　혼자만의 공간
　정치적 포부를 밝히다
　숨을 것인가, 나갈 것인가
　조선 최고의 미인곡을 짓다
　평생에 원하기를 함께 가자 하였더니
　왜 하필 3년째 되는 해에 지었을까?
　임인가 반기니 눈물이 절로 난다
　어와 너로구나 이내 사설 들어 보오

6. 송강정, 그 쓸쓸함에 대하여　　　　　106
　외롭게 자리를 지켜 온 송강정
　외로움과 쓸쓸함을 아는 송강정의 진짜 주인
　그래, 여기까지가 내가 가꾼 땅이었다

여행 길잡이
참을 수 없는 그리움 글이 되어 떠오르는 송강정　　114

송강정 현판　　　　　　　　　　　　121

송강정松江亭

1
송강은 알아도 송강정은 모른다

처음엔
그런 게 있는 줄도 몰랐다.
존재를 알고 나선
성산이나 지실 어디쯤 있는 줄 알았다.
알고 보니
죽록천변 언덕 위에
외롭게 서 있었다.

 이것이 송강정(松江亭)에 대한 나의 인식 변화다. 비단 나만 이런 것은 아닐 것이다. 아마도 우리들 대부분이 이런 과정을 거쳐 송강정을 알아가는 것이 아닐까.
 송강정은 조선 중기 당대 최고의 정치가요 시인이었던 송강 정철(鄭澈, 1536~1593)이 노닐었던 정자다. 송강 정철을 모르는 이는 드물 것이다. 고등학교 국어 시간에 「관동별곡」, 문학 시간에 「사미인곡」, 「속미인곡」의 지은이로 만나며, 또 역사 시간에 조선 중기 붕당정치를 배우면서 동인과 맞서는 서인의 우두머리로 그를 만나기 때문이다.

그러나 송강을 만난다고 해서, 나아가 안다고 해서 송강정을 알게 되는 것은 아니다. 「사미인곡」이나 「속미인곡」을 배울 때 아무도 이것이 송강정에서 지은 작품이라는 것을 알려주지는 않기 때문이다. 그냥 송강이 반대파의 모함으로 정계에서 물러나 전라도 담양 창평에 은거할 때 지었다고만 알려준다. 이러니 송강정이 있다는 걸 알 도리가 없다.

그러다 나이가 들어 조금 여유가 생겨 운 좋게 담양으로 여행을 가게 되면 십중팔구 가사문학관이 있는 지실마을을 들르게 된다. 가사문학관을 둘러보며 그 옛날 학창 시절에 배웠던 송강의 가사 작품들을 떠올리며 관심을 갖고 물어보기도 하고 찾아보기도 한다. 그런데….

가사문학관 바로 옆에 있는 식영정(息影亭)은 송강이 「성산별곡」을 지은 곳이다. 건너편 환벽당(環碧堂)은 어린 송강을 발탁하여 가르친 스승 김윤제(金允悌, 1501~1572)가 거처하던 곳이다. 살짝 아래로 내려가면 있는 소쇄원(瀟灑園)은 보길도 부용동과 함께 우리나라 최고의 원림(園林), 즉 숲속 정원이다.

그럼 내가 제일 잘 알고 있는 「사미인곡」과 「속미인곡」은 어디서 지었나요?

송강정요.

그 송강정은 어디 있나요?

여기서 한 10km 정도 가야 있어요.

아~~그렇구나!! 이런 탄식을 뒤로한 채 발길을 돌리게 된다. 아직 죽록원도 가야 하고, 메타세쿼이아길도 가야 하니까…. 이렇게 대부분의 담양 여행자들은 송강정을 지나치고 만다. 우리나라 사람이면 거의 다 아는 베스트셀러인 유홍준의 『나의 문화유산답사기』에서도 바쁜 일정을 핑계로 어김없이 송강정은 지나치고 말았다. 아이러니컬하게도 이런 송강정 '패스 현상'은 가사문학관 개관 이후 더욱 심해진 듯하다.

얻는 것이 있으면 잃는 것도 있는 법, 이것이 세상사의 이치라고 했던가. 조선시대 가사문학을 널리 알리겠다는 취지에서 건립한 가사문학관이 생긴 이후 조선 최고의 가사로 칭송받고 있는 「사미인곡」과 「속미인곡」의 산실인 송강정은 오히려 점점 잊혀 가고 있다. 가사문학관의 위치를 잘못 잡은 탓인가? 아니면 이것이 송강정의 운명이던가?

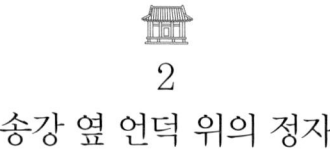

2
송강 옆 언덕 위의 정자

 광주에서 담양을 잇는 죽향대로를 타고 조금만 달리다 보면 유산교차로가 나온다. 거기서 송강정로 방향으로 좌회전 하면 바로 왼쪽 언덕에 송강정이 보인다. 우리는 낯선 것일수록 멀리 깊숙이 떨어져 있을 것으로 생각하는 버릇이 있다. 하지만 심리적 거리와 물리적 거리가 반드시 일치하는 것은 아니다. 송강정은 생각 이상으로 세상 가까이에 붙어 있다.

 의외로 가까운 송강정
 유산교차로에서 좌회전 하면 곧바로 차량 진행 방향 건너편에 유명한 ○○숯불갈비라는 음식점이 보인다. 그 음식점을 보고 좌회전 하면 널찍한 주차장이 있다. 이 주차장은 거의 절반으로 나뉘어 있는데 음식점에 가까운 곳은 음식점 주차장이고, 음식점에서 먼 쪽에 있는 것이 송강정 주차장이다. 송강정은 주차장 왼편으로 보이는 산의 끝자락에 위치해 있다.

주차장의 끝 부분, 즉 송강정을 오르는 입구 위치에 서면 두 갈래 길이 보인다. 오른쪽은 산으로 향하는 산책로다. 이곳으로 가면 송강정을 바로 옆에 두고 보면서도 방향을 틀 수가 없다. 오른쪽이 아닌 왼쪽을 보면 돌계단으로 된 길이 보인다. 이 길이 송강정으로 향하는 길이다.

송강정을 오르는 돌계단은 마치 누가 맞춘 것처럼 딱 100개로 되어 있다. 처음 돌계단은 100개에 못 미친 듯한데 시멘트 계단을 두어 개 추가하여 꼭 100개가 되었다. 계단 양옆으로는 울창한 소나무들이 숲을 이루고 있다. 소나무 사이로 난 100개의 계단을 오르면 죽록정(竹綠亭) 현판이 마중을 한다. 잠시 어리둥절한 상태로 고개를 갸웃하며 옆으로 돌면 드디어 송강정(松江亭)이라는, 기대한 현판이 보인다. 이렇듯 송강정에는 특이하게도 죽록정과 송강정이라는 두 개의 현판이 함께 걸려 있다. 왜 그럴까?

죽록정인가? 송강정인가?

송강정이라는 현판이 걸려 있는 곳이 이 정자의 정면이다. 죽록정이라는 현판이 걸려 있는 곳은 정자의 옆면이다. 중요한 것일수록 정면에 위치하도록 한다는 관점에서 보면 송강정이 진짜 이름이요, 죽록정은 별칭이라는 해석이 가능하다. 그러나 이 정자를 오른 사람들이 처음으로 만나는 이름은 죽록정이고, 나중에 만나는 이름이 송강정이다. 그리고 보면 현판을 건 사람들이 의도한

것인지는 알 수 없으나 송강정과 죽록정을 보는 사람의 각도에 따라 각자 이해하도록 기막히게 배치해 둔 셈이다.

 이렇듯 이 정자의 이름은 둘이다. 그리고 이 둘은 어느 하나가 중심이고 다른 하나가 부차적인 것이 아니라 둘 다 똑같은 비중을 갖는 대등한 자격의 이름이다. 그러면 여기에는 어떤 사연이 존재하는 것일까? 정자의 이름이 하나로 통일되어 쓰이지 않고 두 가지가 혼용된 것은 정자의 주인인 송강 정철이 자초한 측면이 크다. 송강이 쓴 「증도문사(贈道文師)」라는 제목의 다음 시를 보도록 하자.

작은 정자 새로 지으니 죽록정이라	小築新營竹綠亭
송강의 물 맑으니 내 갓끈 씻으리	松江水潔濯吾纓
세상의 귀한 손님 다 휘둘러 물리치고	世間車馬都揮絕
산달과 강바람 너와 함께 평하리라	山月江風與爾評

 '도문 스님에게 주다' 라는 뜻의 이 시에서 송강은 죽록정이라는 자그마한 정자를 새로 지어 경영하게 되었다고 말한다. 그런가 하면 「숙송강정사(宿松江亭舍, 송강정사에 묵으며)」라는 제목의 시도 썼는데 여기서는 송강정사라는 표현을 썼다. 정사는 정자 중에 방이 있는 것을 가리키는 말이므로 송강정사는 곧 송강정과 같은 말이다. 이렇게 송강 스스로 이럴 때는 죽록정으로, 저럴 때는 송강정으로 썼기 때문에 주변 사람들 역시 편의에 따라 이 두 명칭

100개의 계단을 오르면 죽록정 현판이 마중을 한다.

옆으로 돌면 송강정 현판이 보인다. 왜 그럴까?

을 섞어 불렀으리라.

　사실 송강이나 동네 사람들이 이 두 이름을 혼용해서 쓴 것은 정자의 이름을 정식으로 붙이고 이를 현판으로 단 것이 아니라, 정자 앞을 흐르는 시내의 이름에서 손쉽게 빌려와서 그저 그렇게 불렀기 때문이다. 즉 정자 앞을 흐르는 시내가 죽록천이라고도 하고 송강이라고도 불렀기 때문에 자연스럽게 이를 빌려와서 죽록정이라고도 하고 송강정이라고도 한 것이다. 이처럼 송강정은 아주 소박하게, 그리고 자연스럽게 탄생하였다.

송강정은 언제부터 있었을까?

　그럼 이 송강정이 처음 세상에 모습을 드러낸 시기는 언제였을까? 송강정에는 송강정 건립과 관련된 내용을 기록한 그 흔한 기(記) 하나 없다. 때문에 정자를 세운 정확한 시기를 알 수 없는 상태에서 대략적인 추정만 있어 왔다. 지금까지 가장 많은 이들이 추정한 것은 송강이 네 번째로 낙향한 1585년경이다. 이때 송강정을 짓고 「사미인곡」과 「속미인곡」을 여기서 지었다는 것이다. 하지만 다음 시를 보면 이런 추정에 강한 의문을 갖게 된다.

이름 빌린 지 삼십 년	借名三十載
주인도 아니고 또 손도 아니었네	非主亦非賓
띠풀로 겨우 지붕이나 이어 놓고	茅茨薥蓋屋
또다시 북쪽으로 돌아가려는 사람	復作北歸人

주인이자 손이 함께 왔을 땐	主人客共到
저녁 뿔피리 소리에 갈매기 놀라더니	暮角驚沙鷗
그 갈매기 주인이자 손을 전송하려고	沙鷗送主客
돌아와 물 가운데 모래톱에 내려앉네	還下水中洲

밝은 달은 빈 뜰을 비추건만	明月在空庭
주인은 어디로 가려 하나	主人何處去
낙엽은 쌓여 사립문을 가릴 테고	落葉掩柴門
바람과 소나무만 밤 깊도록 얘기하겠지	風松夜深語

앞에서 잠깐 언급했던 「숙송강정사(宿松江亭舍, 송강정사에 묵으며)」라는 시의 전문이다. 이 시는 송강이 네 번째로 낙향했다가 다시 서울로 올라가게 된 1589년 무렵에 쓴 것이 분명해 보인다. 띠풀로 겨우 지붕이나 이어 놓고 또다시 북쪽, 즉 서울로 돌아가려고 한다는 것도 그렇고, 한참 만에 다시 나타나서 깜짝 놀랐던 갈매기들이 그를 전송하기 위해서 돌아왔다는 표현에서도 서울로 떠나기 직전의 상황임을 짐작하게 한다. 특히 마지막 수에서 정자의 주인은 달 밝은 밤 송강정에 홀로 앉아 자신이 떠나고 나면 또다시 예전의 쓸쓸한 상태로 돌아갈 정자의 모습을 상상하고 있다.

"이름 빌린 지 삼십 년"

주목할 것은 첫 번째 작품 제1구에서 "이름 빌린 지 삼십 년"이라는 표현을 사용했다는 점이다. 이름을 빌렸다는 것이 무슨 말일까? 이 시의 제목이 「송강정사에 묵으며」라는 것을 생각하면 이때 이름은 송강정사, 즉 송강정이 될 수밖에 없다. 그렇다면 그는 왜 송강정이라는 이름을 '붙였다'라고 하지 않고 이름을 '빌렸다'라고 표현한 것일까? 그것은 문자 그대로 본인 스스로 이름을 붙인 것이 아니라 옆 시내에서 이름을 빌려 그냥 그렇게 불렀기 때문이다.

정자는 특별한 의미를 지향하면서 이름을 지어서 붙일 수도 있고 그냥 이름도 없이 그대로 내버려 둘 수도 있다. 전국의 유명한 정자들은 전자에 속하는 경우가 많다. 담양의 정자들도 대체로 이름을 붙인 경우에 속한다.

송순(宋純, 1493~1582)의 면앙정(俛仰亭)은 '구부려[俛] 땅을 보아 땅의 순조로움을 얻어 그 화평함을 길렀다'는 유하혜(柳下惠)의 자세와 '우러러[仰] 하늘을 보아 하늘의 맑음을 얻어 그 뜻을 길렀다'는 백이(伯夷)의 자세를 아우르고자 하는 뜻을 표방하고 있다. 김성원(金成遠, 1525~1597)이 장인인 임억령(林億齡, 1496~1568)을 위해 지어 드렸다는 식영정(息影亭)은 '양지(陽地)에 나가 어두운 그림자를 만들기보다는 음지(陰地)로 물러나 그림자를 없게 만들겠다'는 은거의 뜻을 나타내고 있다.

정자의 이름은 이렇듯 정자 주인의 삶의 자세나 세계관을 담고 있는 경우가 많다. 그런가 하면 이와 정반대로 아예 이름을 붙이

지 않는 경우도 있다. 전국적으로 크고 작은 수많은 강들이 있는데 그 강들 주변에는 대부분 강정(江亭)이라 불리는 정자들이 한두 개쯤은 있다. 이들은 그저 강가에 있는 정자이므로 강정이라 할 뿐 특별히 이름을 붙였다고 보기는 어렵다.

송강 정철은 둘의 중간을 취했다. 송강이 자신이 지은 정자를 조그마한 오막살이라는 정도의 뜻을 가진 '소축(小築)'이라고 표현한 것을 저 앞에서 이미 본 바 있다. 또한 바로 위의 시에서도 띠풀로 지붕을 인다고 하였으므로 초정(草亭)이었음을 알 수 있다. 이렇게 소박한 정자를 지은 것은 그의 청렴결백한 성품에다 서울로 올라갈 때까지 임시로 사용한다는 생각이 작용했기 때문일 것이다.

아무튼 송강은 정자를 소박한 형태로 지었기에 이름 또한 거창한 의미를 표방하는 것이 적절치 않다고 생각했던 것 같다. 그렇다고 아예 이름 없이 그저 강정이라고만 불리는 것도 원치 않은 듯하다. 그래서 그는 정자 앞을 흐르는 시내인 송강 또는 죽록천의 이름을 빌려 와서 송강정(송강 가에 있는 정자) 또는 죽록정(죽록천변에 있는 정자)이라 부르기 시작했다.

이런 맥락에서 보면 "이름 빌린 지 삼십 년"이라는 표현은 "정자를 짓고 송강에서 이름을 빌려 송강정이라 부르기 시작한 지 어언 삼십 년"이라는 뜻으로 풀이될 수 있다. 따라서 송강정이 지어진 시기는 이 시를 쓴 때인 1589년으로부터 30년 전인 1559년 무렵이라 할 수 있다. 송강은 1536년생이므로 이때는 송강 나이 24세이고 진사시에 합격하여 서울로 올라가기 2년 전이다.

소박한 정자를 지은 것은 송강의 청렴결백한 성품에다 서울로 올라갈 때까지 임시로 사용한다는 생각이 작용했기 때문일 것이다.

3
인연의 끈, 송강 정철과 전라도 창평

송강정의 주인인 송강 정철, 도대체 그는 누구인가? 또 그에게 창평은 어떤 의미를 갖는 곳인가?

송강 정철은 서울 태생이다

송강 정철은 1536년(중종 31년) 윤12월 6일 서울 장의동(藏義洞, 지금의 종로구 청운동)에서 아버지 정유침(鄭惟沈, 1493~1570)과 어머니 죽산 안씨 사이에서 4남 3녀 중 막내로 태어났다. 송강이 태어나기 3년 전에 송강의 큰누이(1520~1566)가 당시 세자 이호(李峼, 1515~1545, 훗날 인종)의 양제(良娣) 즉 부실(副室)로 뽑혀 입궐하였고, 또 후에는 그의 막내누이가 종친인 계림군(桂林君) 이류(李瑠, ?~1545)에게 출가하였다. 이런 인연으로 송강은 어린 시절부터 비교적 손쉽게 궁중을 출입할 수 있었던 것으로 알려져 있다. 그리고 이 과정에서 그는 훗날 명종이 되는 경원

대군(慶源大君, 1534~1567)과 특히 가깝게 지냈다고 한다.

이렇듯 10세 때까지 송강의 어린 시절은 남들이 부러워할 정도로 행복한 나날이었다고 할 수 있다. 하지만 1545년, 송강이 10세 때 을사사화(乙巳士禍)가 터지면서 꿈같던 어린 시절은 더 이상 지속되지 못한다.

을사사화는 왕실의 외척인 대윤과 소윤이 다투는 과정에서 다수의 사림들이 희생된 사건을 가리킨다. 중종의 비인 신씨는 즉위 직후 폐위되어 후사가 없었고, 제1계비 장경왕후(章敬王后) 윤씨(尹氏, 윤여필의 딸)는 세자 호(岵 : 훗날 인종)를 낳은 뒤 죽었다. 그 뒤 윤지임(尹之任)의 딸이 제2계비 문정왕후(文定王后)로 책립되어 경원대군(慶源大君, 훗날 명종)을 출산하였다.

이에 문정왕후의 형제인 윤원로(尹元老)·윤원형(尹元衡)이 경원대군을 세자로 책봉하려 꾀하면서 세자의 외숙인 윤임(尹任, 장경왕후의 아우)과 본격적인 권력 다툼이 시작되었다. 윤임 일파를 대윤, 윤원형 형제 일파를 소윤이라고 했는데 이로써 조정의 신하들은 양쪽으로 갈리게 되었다. 그러던 중 중종이 승하하고 인종이 왕위에 오르자 윤임을 중심으로 하는 대윤파가 득세하면서 많은 사림들이 새롭게 등용되었다. 하지만 인종이 재위 8개월 만에 병으로 승하하게 되자 12세에 불과한 명종을 대신하여 문정왕후가 수렴청정을 실시하면서 권력은 소윤파에게로 넘어갔다. 권력을 잡은 소윤파는 대윤파가 계림군을 내세워 역모를 꾀했다는 무고 사건을 만들어 대윤파와 사림 다수를 처형하고 유배 보냈다.

을사사화로 집안이 풍비박산 나다

을사사화는 송강의 집안에 직접적인 영향을 미쳤다. 송강의 큰누이가 인종의 후궁이었고, 막내누이는 계림군의 부인이었기 때문이다. 이에 따라 송강의 아버지 정유침은 붙잡혀가 고문을 당한 뒤 함경도 정평(定平)으로 유배되었다. 맏형 정자(鄭滋, 1515~1547) 역시 붙잡혀가 고문을 당한 뒤 전라도 광양(光陽)으로 유배되었다. 특히 정자의 경우 광양에서 유배 생활을 보내던 중 재차 붙들려와 매를 맞고 함경도 경원(慶源)으로 다시 유배를 가게 되었는데 가던 도중 그만 죽고 말았다. 둘째 형 정소(鄭沼, 1518~1572)는 처가가 있는 전라도 순천으로 내려가 소라포(召羅浦) 달래도(達來島, 지금의 여수시 소라면 달천도)에 숨어 살면서 밭을 일구어 마늘을 심고 낚시를 하며 세상을 등지고 살았다.

을사사화 때 송강은 10세에 불과했으므로 여섯 살 위인 셋째 형 정황(鄭滉, 1528~?)과 함께 부친의 유배지를 따라 전전하였다. 처음 함경도 정평으로 유배를 간 송강의 아버지 정유침은 얼마 지나지 않아 유배에서 풀려났다. 그런데 이것이 끝이 아니었다. 송강 12세 때인 1547년에 이른바 '양재역벽서사건'이 터지게 된다. 이는 양재역 벽에 '문정왕후와 그 주변 인물들이 나라를 망친다'는 글이 붙어 있는 것을 발견했다는 고변(告變)으로 시작된 것인데, 본질은 을사사화의 연장선에서 소윤인 윤원형 일파가 반대 세력을 제거하기 위해 꾸민 사건이었다.

송강의 아버지 정유침은 이 사건에 연루되어 그해 9월 다시 경상도 영일로 유배를 가게 된다. 햇수로 5년, 만으로 약 4년간의 유배생활 끝에 정유침은 송강 16세 때인 1551년 6월 원자(元子) 탄생을 축하하는 특별 사면 조치를 받아 드디어 유배에서 풀려나게 되었다.

할아버지와 큰아버지의 고향 창평으로

유배에서 풀린 정유침은 서울로 가지 않고 전라도 창평으로 향했다. 서울로 가지 않은 것은 방환전리(放還田里)라 하여 유배지에서는 풀려났으나 한양 도성 안으로는 들어갈 수 없고 연고가 있는 시골로만 갈 수 있는 제한적 처분이 내려졌기 때문이다. 그러니까 엄밀하게 말하면 서울로 가지 않은 것이 아니라 갈 수 없었던 것이다.

정유침이 송강을 데리고 창평으로 향한 것은 불가피한 선택이었다. 정유침이 찾은 창평은 자신의 아버지, 그러니까 송강 정철의 할아버지인 정규(鄭潙)[1]가 살다가 묻힌 곳이고, 또 정유침의 형이자 송강의 큰아버지인 정유심(鄭惟深)이 남원부사에서 물러난 뒤 살고 있는 곳이었다.

지금의 창평은 담양군에 속한 일개 면에 지나지 않으나 송강 정철이 살았던 16세기의 창평은 담양과는 별도의 현이었다. 대체로

---

1 '潙'의 음은 '위'와 '규' 둘이다. 그래서 여러 글들에서 혼용되고 있음을 볼 수 있다. 여기서는 『영일정씨세보』에서 한글독음을 '규'로 달고 있는 것을 따르기로 한다.

송강이 김윤제에게 글을 배운 환벽당

 현재 담양군의 서남부에 위치한 면들이 당시 창평현에 속한 지역들이었다. 그중 송강이 첫 인연을 맺은 곳은 할아버지 정규의 묘소가 있는 당지산(唐旨山) 아래 분토동(粉土洞)이었다. 지금의 담양군 고서면 원강리 분토마을로 송강정에서 아주 가까운 곳이다.
 송강과 관련된 유적이 지실마을(담양군 남면 지곡리) 쪽에 많이 있기 때문에 간혹 송강이 처음 찾은 곳도 이곳인 것으로 착각하는 경우가 있으나, 송강이 처음 찾은 곳도 또 서울로 올라갈 때까지 계속 생활했던 곳도 송강정 근처의 원강리 분토마을이었다. 비록 수시로 환벽당을 찾아 스승 김윤제로부터 글을 배우고 식영정을 찾아 임억령(林億齡, 1496~1568)으로부터 시를 배웠으나 그의 생

송강이 임억령에게 시를 배운 식영정

활터전은 지실마을이 아니라 분토마을이었다.

송강에게 창평은 어떤 곳이었을까?

서울에서 태어나 궁궐을 수시로 드나들면서 놀다가 부친의 유배지를 전전하며 떠돌기도 했던 송강, 극과 극의 비교 체험을 한 뒤 우여곡절 끝에 찾아든 전라도 창평, 그에게 창평은 과연 어떤 곳으로 인식되고 기억되었을까?

송강에게 창평은 일종의 양가감정(兩價感情), 즉 서로 어긋나는 두 개의 모순된 감정이 공존하는 공간이었던 것으로 보인다. 송강은 창평에서 자신을 성장시켜 준 제2의 고향과 같은 곳이라는 감정과, 임금이 있는 서울로부터 멀리 떨어진 유배지라는 감정을 동시에 느꼈던 것 같다.

제2의 고향 창평

10대 중반인 16세. 지금 같으면 한창 사춘기의 반항기가 아직 남아 있을 시기지만 조선시대에는 본격적으로 과거를 준비해서 벼슬길에 나갈 생각을 해야 할 시기였다. 이 중요한 시기에 송강은 부친을 따라 창평으로 왔다. 그리고 여기에서 그는 사촌 김윤제, 석천 임억령, 면앙 송순(宋純, 1493~1582), 하서 김인후(金麟厚, 1510~1560), 고봉 기대승(奇大升, 1527~1572) 등에게 수학하게 되는데, 그를 가르친 이들은 하나같이 당대 조선을 대표하는 시인, 학자들이었다. 이렇게 당대 최고의 시인, 학자들을 만나 이들과 교유하는 영광을 누릴 수 있도록 만들어준 창평은, 송강을 제대로 성장하게 만들어준 제2의 고향과도 같은 곳이었다.

유배지나 다를 바 없는 창평

한편 송강의 부친 정유침에게 창평은 아버지의 혼이 깃든 곳이라는 생각보다는 유배에서 풀렸으나 서울로 갈 수 없어 부득이 찾게 된 곳이라는 생각이 더 강했을 것으로 보인다. 정유침은 마흔에 이르도록 아주 낮은 벼슬 하나도 얻지 못하고 있다가 41세가 되는 1533년에 딸이 세자 이호(훗날 인종)의 양제(良娣) 즉 부실(副室)로 뽑혀 입궐한 덕으로 드디어 벼슬길에 나가 나름의 권세를 누리고 있던 터였다. 그 와중에 을사사화가 터져 다년간 고초를 겪은 탓에 권력 다툼에 따른 정치적 희생양이 된 것이라는 의식이 강했을 것이다. 때문에 하루라도 빨리 정치적 탄압이 끝나 다시 서울로 돌아갈 날을 고대하며 살았을 가능성이 높다.

그런데 현실은 그의 기대대로 나타나지 않았다. 을사사화가 일어난 때로부터 약 7년간 두 차례의 유배를 경험하며 다시 정계에 복귀할 날만을 기다렸건만 그에게 내려진 조치는 완전한 정치적 복권이 아니라 단지 유배에서만 풀릴 뿐 서울에 발도 들여놓을 수 없는 것이었다. 그 결과 어쩔 수 없이 내려온 곳이 창평이었기에 심리적으로 그에게 창평은 아직도 끝나지 않은 유배의 연장선이었을 가능성이 크다.

그는 창평에 온 지 무려 16년 만인 1566년에야 죄적(罪籍)을 완전히 씻게 되고, 이듬해 겨울에 직첩(職牒)을 되돌려 받았으며, 드디어 1568년 봄에 군자감(軍資監) 판관(判官)에 임명된다. 이렇게 되자 그는 미련 없이 창평을 떠나 서울로 향한다. 창평에 온 지 18년째가 되는 해의 일이다. 이때 정유침의 나이는 76세였다. 정치적 욕망이 강하지 않고 또 창평을 유배지처럼 인식하지 않았다면 그는 그냥 형과 함께 창평에 눌러 살았을 것이다. 그러나 그는 그러지 않았다.

창평을 유배지나 다를 바 없는 곳이라고 생각한 정유침의 인식은 아들 송강에게 꽤 많은 영향을 끼친 것으로 보인다. 정치적 희생양이 되어 만년을 고달프게 살아가는 부친의 모습을 가까이에서 지켜본 송강은, 자신이 하루빨리 출세하여 부친의 억울함을 풀어드려야겠다는 생각이 매우 강했을 것이다. 따라서 송강은 과거에 합격하여 벼슬을 받는 즉시 창평을 떠야겠다는 생각을 했을 것이고, 인생이 잘 풀려 특별한 정치적 시련이 없는 한 다시 창평을 찾는 일은 없을 것이라고 생각했을 가능성이 높다.

실제로 그는 과거에 급제하여 서울로 향한 후 아주 특별한 일이 없는 경우에는 창평을 찾지 않았다. 그가 창평을 찾은 것은 서울에 있을 수 없고, 더 나아가 조상의 연고가 있는 서울 인근의 고양에서도 지낼 상황이 못 될 때뿐이었다. 그리고 이곳에서 지은 「사미인곡」과 「속미인곡」에 드러난 바와 같이 그저 벼슬에서 물러났을 뿐임에도 불구하고 하늘에서 지상으로 귀양 온 신선에 자신을 견주는 유배가사의 전통을 이어 노래하고 있다.

드디어 벼슬길에 나서다

송강정의 주인인 송강 정철은 16세기 후반 정치사와 문학사에서 매우 중요한 비중을 차지하고 있는 인물이다. 문학과 관련된 이야기는 뒤에서 하기로 하고 여기서는 조선 중기 정치사에서 그가 어떤 역할을 담당했는지를 그의 생애와 연결 지어 간단히 얘기해 보도록 하겠다.

창평에서 지내던 송강은 스물여섯 살 되던 1561년 진사시에 1등으로 합격함으로써 서울로 향하게 된다. 처음 부친을 따라 창평에 온 지 햇수로 11년, 만으로 딱 10년 만에 이룬 첫 번째 성과라 할

수 있다. 그리고 이듬해 문과 별시에서 장원급제하는 쾌거를 이루게 되고 드디어 성균관 전적 겸 지제교에 임명됨으로써 꿈에 그리던 벼슬생활을 시작한다.

송강의 벼슬생활은 우여곡절이 꽤 많이 있었다. 송강이 벼슬을 한 시기는 명종·선조 연간이다. 명종은 앞에서 이미 말한 바와 같이 송강 맏누이의 입궐 덕에 어린 시절 궁궐에서 가깝게 지내며 함께 놀았던 사이다. 또한 송강의 바로 위 형인 정황(鄭滉)의 둘째 딸이 선조의 숙의로 뽑혀 입궐한 후 나중에 귀인(貴人)이 되었으므로 선조는 사적으로 송강의 조카사위가 되는 셈이다. 이런 특별한 인연을 맺고 있는 명종과 선조가 통치하던 시기에 그 후광을 업고 송강이 벼슬을 하게 된 것은 큰 행운이었다고 할 수 있다.

한편 송강이 벼슬하던 16세기 후반은 일종의 정치적 전환기였다. 명종 후반과 선조 초반은 그동안 수십 년간 대립해 오던 훈구 세력과 사림 세력의 대결이 최고 정점에 도달한 시기였고, 선조 8년(1575년) 훈구 세력이 몰락하고 사림 정권이 수립된 후에는 그 내부에서 동인과 서인으로 당파가 나뉘어 치열한 권력 싸움이 벌어졌다. 이런 정치적 상황은 정치인 송강이 맞이한 어려운 측면이었다.

송강 벼슬살이의 변수가 된 성품

이런 긍·부정적 요소가 공존하는 가운데 변수로 작용한 것은 송강의 성품이었다. 송강은 맑고 깨끗하며 시원스러운 천성을 타고

났다. 그래서 속에 품은 생각이 있으면 이를 참지 못하고 반드시 말로 드러내었다. 문제는 그 정도가 지나쳐 다른 사람의 잘못을 보면 아무리 친한 벗이나 권세가 있는 자일지라도 절대로 용서하지 않았다는 점이다. 이렇듯 너무도 성품이 강직하고 꿋꿋하여 악한 자를 몹시 미워하였기 때문에 그를 좋아하는 사람들도 많았지만 그에 못지않게 그를 싫어하는 사람들도 많았다. 그리고 이러한 강직하고 올바른 기운은 나이가 들면서 수그러들기보다는 오히려 나이가 들수록 더욱 강해졌다고 한다.

송강이 문과에 장원급제하자 명종은 너무나 기뻐한 나머지 특별 주찬(酒饌)을 내리라고 명하였는데 송강은 이를 사양하였다. 이에 명종은 주찬을 내릴 것을 중지시키고 경복궁 북문인 신무문(神武門)을 통해 나가도록 명한 뒤 누대 위에서 그가 가는 것을 바라보았다고 한다. 어린 시절 궁궐에서 함께 뛰어 놀았던 정을 생각하여 특별히 챙기려고 하는 명종의 따뜻한 마음과, 처음 벼슬길에 나설 때부터 사사로운 특혜를 받음으로써 시비에 휘말리는 것을 아예 차단하겠다는 송강의 강직한 성품을 잘 보여주는 일화로 생각된다.

몇 년 뒤 송강 나이 서른한 살이 되는 1566년, 명종의 종형(從兄)인 경양군(景陽君)이 처가의 재산을 빼앗으려고 서얼 처남을 꾀어 죽인 사건이 일어났는데, 이 일과 관련하여 사헌부에서는 사람을 죽인 것은 중대한 옥사(獄事)이며, 더구나 인륜(人倫)의 변고에 관계되는 것이므로 속히 법대로 처리할 것을 아뢰었다. 이에 명종은 당시 사헌부 지평으로 있던 송강에게 사람을 보내 논박을 정지하도록 하였다. 하지만 송강은 이 청을 듣지 않았다.[2] 퇴계 이황(李滉, 1501~1570)이 송강을 가리켜 "옛 간신(諫臣 : 임금에게 옳은 말로 간언하는 신하)의 풍모가 있다"고 했다는 이야기가 전하는데 이는 바로 이 일을 지켜보고 평한 것이 아닌가 생각된다.

동서 분당, 그 혼돈의 정치

송강은 서른다섯 살(1570년) 때 부친상을 당하여 서른일곱 살(1572년)까지 경기도 고양군 신원에서 시묘살이를 하였다. 이어 서른여덟 살(1573년)에는 모친상을 당하여 마흔 살(1575년)까지 역시 신원에서 시묘살이를 하였다. 모친상을 마친 1575년은 사림 세력이 기존의 훈구 세력을 몰아내고 정권교체를 이룬 해다. 문제는 사림 세력이 정권교체를 이루자마자 곧바로 동인과 서인으로 분열하게 되었다는 점이다. 어렵게 정권교체를 이루자마자 도대체 동서 분당은 왜 일어난 것일까?

조선에서 내외 관원을 추천하는 권한은 이조(吏曹)에 있었다. 이 이조의 책임자가 이조판서인데, 이조판서의 권한이 너무 커지는 것을 방지하기 위하여 삼사(三司 : 사헌부, 사간원, 홍문관)의 관원을 추천할 때에는 판서에게 맡기지 않고 오로지 이조의 전랑(銓

---

2 『송강연보』에서는 이 일이 송강 27세(1562년)에 일어났고, 또 이로 인해 오랫동안 좋은 벼슬길이 막혔다고 기록되어 있으나 이는 모두 사실에 어긋난 것으로 보인다.

郎, 정랑과 좌랑)이 추천권을 행사하도록 하였다. 이는 권한을 분산하고 삼사의 언론 기능을 극대화하기 위한 취지에서 만든 제도인데 이런 순기능만 존재했던 것은 아니었다. 전랑들은 비록 삼정승과 육판서라 하더라도 자신들의 마음에 들지 않는 이가 있으면 자파의 인물을 삼사의 관원으로 추천하여 이들로 하여금 정승과 판서를 탄핵하게 하는 역기능도 있었다.

사정이 이렇게 되자 이조 전랑의 권세는 정승·판서에 못지않은 것이 되면서 이 자리를 누가 차지하는가의 문제가 권력의 향배와 관련하여 매우 민감한 사안이 될 수밖에 없었다. 사림 세력이 기존의 훈구 세력을 몰아내고 정권교체의 꿈을 이루는 과정에서 이 민감한 사안이 감정의 차원으로까지 비화되는 사건이 생겼다.

1572년 김효원(金孝元, 1542~1590)이 이조 전랑에 추천되었는데 이조 참의 심의겸(沈義謙, 1535~1587)이 반대하여 무산됐다. 하지만 2년 뒤인 1574년에 김효원은 결국 이조 전랑이 되었다. 그 후 1575년 심의겸의 동생인 심충겸(沈忠謙, 1545~1594)이 이조 전랑으로 추천되었는데 이번에는 김효원이 적극 반대하였다. 이렇게 김효원과 심의겸이 서로 반목하고 대립하는 과정에서 김효원이 이조 전랑으로 있으면서 발탁한 영남의 신진사류들은 자연스럽게 김효원을 지지하게 되었고, 반면에 상대적으로 중진이나 원로에 속하는 인사들 중에는 심의겸을 지지하는 경우가 많았다. 그리하여 당파가 나뉘게 되었는데 당시 김효원의 집이 도성 동쪽 낙산 밑에 있었으므로 그를 따르는 무리들을 동인이라 하였고, 심의겸의 집은 도성 서쪽 정동에 있었기 때문에 그를 따르는 무리들은 서인이라 하였다.

첫 번째와 두 번째 낙향

송강 정철은 동서 분당 과정에서 심의겸의 당론을 따르게 되면서 일찍부터 서인으로 자리를 잡게 된다. 그는 서인의 주요 인사로서 동인들의 행태를 조목조목 비판하면서 그들과 대립하였다. 적당한 타협을 모르는 그의 강직한 성품은 이 국면에서도 어김없이 발휘되었다. 그는 아무리 비판해도 조정의 상황이 개선될 기미가 보이지 않자 선조의 만류에도 불구하고 창평으로 낙향해 버린다. 서울 인근의 고양 신원에 머물 수도 있었으나 그렇게 되면 선조의 계속된 부름을 거절하기가 쉽지 않을 것이므로 아예 멀리 창평으로 가버린 것이다. 과거에 합격하여 창평을 떠난 후 처음으로 다시 찾게 된 첫 번째 낙향이다. 이때 그는 여기서 약 2년 정도의 시간을 보냈다.

마흔두 살이 되는 1577년 11월에 계림군에게 출가했던 막내누이가 죽자 창평을 떠나 고양 신원으로 올라갔다. 이듬해 5월 승정원 동부승지로 임명되자 두 번이나 사직하였으나 허락되지 않아 결국 다시 벼슬길에 나간다. 승지는 왕명의 출납을 담당하는 관리로서 지금으로 치면 청와대 비서관에 가까운 직책이다. 선조가 송강을 동부승지에 임명한 것은 더 이상 도망가지 못하도록 자신의 곁에 둔 것이면서 동시에 날로 격화되고 있는 동인과 서인의 대립을 화해시키는 데 일정한 역할을 하라는 것이었다.

하지만 동인의 입장에서 송강은 이미 서인의 당으로 지목된 상태였기에 화해를 이루기는 쉽지 않았다. 화해의 노력을 기울이는 과정에서, 이조 전랑으로 있을 때 자파인 동인들을 대거 등용하여 논란을 일으킨 바 있는 이발(李潑, 1544~1589)을 만나 언쟁을 하다 그의 얼굴에 침을 뱉는 일이 벌어지면서 동서의 화합은 오히려 더욱 어려워지게 되었다.

그 후 1578년(43세) 11월 사간원 대사간이 되었는데 이때 진도 군수 이수(李銖)의 뇌물사건 옥사 처리 문제로 이발을 비롯한 동인들의 집중 공격을 받아 탄핵을 당하고 물러나게 된다. 벼슬에서 물러났음에도 불구하고 동인들의 송강에 대한 공격은 멈추지 않고 계속되었다. 선조는 거듭 벼슬을 임명하고 동인들은 계속해서 송강을 공격하는 일이 되풀이되자 송강은 다시 창평으로 향하게 된다. 떠난 지 2년도 채 안 되어 다시 내려간 두 번째 낙향이다.

세 번째와 네 번째 낙향

두 번째 낙향은 오래가지 않았다. 송강을 아꼈던 선조가 동인의 공격도 피하고 송강도 받아들일 수 있는 방안을 선택했기 때문이다. 그것은 바로 내직(內職) 즉 중앙의 벼슬이 아닌 외직(外職) 즉 지방관으로 임명하는 것이었다.

송강이 마흔다섯으로 접어든 1580년 1월 선조는 강원도 관찰사로 임명하게 되고 송강은 임금의 배려에 무한한 감사를 표시하며

강원도로 향한다. 그런데 1년 후 강원도에서 돌아와 다시 내직을 맡게 되면서 조정은 또 한 번 시끄러워지게 된다. 이번에는 임금의 명을 받들어 쓴 비답(批答)이 문제가 되었다. 비답이란 신하가 올린 상소에 임금이 내리는 답을 가리키는 말이다.

당시 정승이던 노수신(盧守愼, 1515~1590)이 사직 상소를 올렸는데 이에 대하여 허락하지 않는다는 내용의 비답을 내렸다. 이 비답은 송강이 지었는데 동인들은 비답의 내용과 표현에 부적절한 것이 많다고 지적하며 맹렬히 그를 공격하였다. 결국 송강은 사헌부의 탄핵을 받아 벼슬에서 물러나고 다시 창평으로 내려갔다. 세 번째 낙향으로 1581년(46세) 8월의 일이다.

세 번째 낙향 또한 오래가지 않았다. 이번에도 선조가 택한 것은 지방관으로, 1581년 12월 전라도 관찰사로 임명하였다. 선조가 송강을 전라도 관찰사로 임명한 것은 정계에 복귀시키기 위한 명분을 찾은 것이었다. 일단 송강을 정계에 복귀시킨 선조는 다시 중앙으로 불러올 기회만 보고 있었다.

1582년(47세) 9월, 드디어 선조는 승정원 도승지로 특별 임명을 단행한다. 도승지는 왕명의 출납을 담당하는 승정원의 우두머리 직책이다. 지금으로 치면 청와대 비서실장이 된 것이다. 선조는 자신이 아끼던 송강을 최측근으로 기용한 것이고, 송강은 이로써 권력의 핵심부로 진입하였다. 이듬해 3월에는 예조판서로 승진하였다. 그러자 승진이 너무 빠르다는 둥, 평소 술을 즐겨 품위를 잃는 일이 많다는 둥 하면서 동인들이 공격하였으나 이번에는 임금이 송강을 적극적으로 비호하게 된다. 이는 권력이 송강이 속한 서인 쪽으로 기울고 있음을 뜻하는 것이다.

상황이 이렇게 되자 송강은 1583년(48세) 8월 형조판서로 있으면서 몇 년 전 이수 옥사 사건 때 자신과 대립했었고 직전엔 자신의 절친인 율곡 이이(李珥, 1536~1584)를 탄핵하는 데 앞장섰던 송응개(宋應漑, 1536~1588), 박근원(朴謹元, 1525~1585), 허봉(許篈, 1551~1588) 등 교만한 동인 세력의 인물들을 죄로 다스릴 것을 임금에게 청하여 이들을 귀양 보냈다.

1584년(49세) 8월 대사헌을 거쳐 12월에는 의정부 우찬성에 임명되었다. 이 시기는 송강에 대한 선조의 총애가 가장 두터웠던 때라 할 수 있다. 동인 세력들은 수도 없이 송강의 약점을 들추어 공격을 가했는데 그때마다 선조는 적극적으로 비호하였으며, 그 과정에서 송강을 궁궐의 맹호(猛虎)에 견주어 충성과 절의가 한결같음을 강조했다. 이는 송강에게는 더할 나위 없는 영광이지만 반대 세력인 동인의 입장에서는 송강을 더 크게 배척하는 원인으로 작용하기도 했다.

1585년(50세)으로 접어들면서 송강을 공격하는 일이 잦아지는데 전과 마찬가지로 선조는 계속해서 송강을 비호하지만, 8월에 결국 사헌부와 사간원 양사(兩司)의 탄핵을 받아 벼슬에서 물러난다. 벼슬에서 물러난 송강은 서울에서 가까운 경기도 고양 신원에서 지내고자 하였으나 계속해서 그를 비방하는 소리가 들려오자 어쩔 수 없이 다시 창평으로 향하게 된다. 네 번째이자 마지막 낙

송강은 맑고 깨끗하며 시원스러운 천성을 타고났다.
그래서 속에 품은 생각이 있으면 이를 참지 못하고
반드시 말로 드러내었다

향이다.

정여립 모반 사건이 터지다

네 번째 낙향은 이전과 달리 꽤 길게 이어졌다. 약 4년을 창평에서 보낸 송강은 1589년 8월 맏아들 정기명(鄭起溟, 1559~1589)이 죽자 고양 신원으로 올라갔다. 그리고 10월에 정여립 모반 사건이 일어났다. 정여립 일당이 한강이 얼 때를 틈타 한양으로 진격하여 반란을 일으키려 한다는 내용의 고변이 있었고, 관련자들이 차례로 의금부로 잡혀가기 시작했다. 이에 정여립은 아들 옥남과 함께 죽도로 도망하였다가 관군에 포위되자 자살하였다. 정여립의 자살로 인해 역모 고변이 사실로 굳어지게 되었다.

정여립(鄭汝立, 1546~1589)은 본래 율곡 이이의 문하생이었다. 그런데 나중에는 이이를 배신하고 동인 편에 서서 이이, 성혼(成渾, 1535~1598), 정철, 박순(朴淳, 1523~1589) 등 서인들을 비판했다. 정여립의 서인 비판을 두고 조정에서는 동인과 서인 사이에 치열한 쟁론이 벌어졌고 이에 부담을 느낀 그는 고향인 전라도 전주로 낙향하였다.

정여립이 낙향하자 그 지역에서 그를 찾아오는 사람이 많았다. 그래서 그는 전주에서 가까운 진안 죽도에 서사(書舍)를 만들고 활쏘기 모임을 여는 등 사람들을 모아 대동계를 조직하고 무력을 기르며 세력을 확장시켜 나갔다. 죽도는 강물이 사방을 에워싸고 흐르면서 생긴, 육지 속의 섬이다. 1587년에는 대동계를 이끌고 여

수 손죽도에 침입한 왜구를 물리치기도 하였다. 이후 대동계는 전국적으로 확대되어 황해도 안악의 변숭복, 해주의 지함두, 운봉의 승려 의연 등의 세력을 끌어 모았다. 이렇게 되자 그가 난을 일으키려 한다는 소문이 조금씩 퍼지기 시작했다. 드디어 황해도 관찰사, 재령 군수, 안악 군수, 신천 군수 등이 변서(變書)-반란에 대한 보고서-를 올리면서 정여립 모반 사건이 터지게 되었다.

정여립이 실제로 모반을 꾀했는지는 알 수 없다. 벼슬에서 물러난 상태에서 나라를 위해 할 일을 적극 찾는다고 한 것이 엉뚱하게 큰 오해를 불러일으켰을 가능성도 충분히 있다. 문제는 이 사건의 처리 과정이라 할 수 있다. 정여립 사건은 곧바로 일단락되었다. 선조는 역적이 복주(伏誅)된 일을 종묘에 고하고 대대적인 특별 사면까지 단행하였다. 그런데 이것이 끝이 아니었다.

위관이 되어 파란을 일으키다

선조는 사건 종료 약 한 달 뒤에 바른 정치를 하려면 어떻게 해야 하는지에 대해 그 누구든 숨기지 말고 말하라는 교서(敎書)를 내린다. 그리고 동인 이산해(李山海)를 좌의정으로, 서인 정철을 우의정으로 임명한다. 이런 일련의 조치는 동서 화합을 도모하려는 의도처럼 보인다. 그러나 우의정 정철을 정여립 사건의 관련자 처벌을 주관하는 위관(委官)-죄인을 신문할 때에, 의정대신 가운데서 임시로 뽑아 임명한 재판장-으로 임명한 것을 보면 이번 기회에 조정을 장악하고 있는 동인 세력들을 다소 위축시키고자 하는 의도가 다분히 있었음을 알 수 있다. 선조가 진정으로 동서 화합을 원했다면 좀 더 객관적인 사람을 위관으로 임명했어야 한다. 당시 정철은 누가 보더라도 서인 세력의 핵심 인물이었다. 송강 또한 다시 권력을 잡을 수 있는 기회라 여기고 이를 받아들였다. 만일 그가 욕심이 없었다면 주변의 충고를 따랐어야 한다.

송강이 위관을 맡게 된다는 소식을 듣고 율곡 이이의 문인이었던 이귀(李貴, 1557~1633)와 신경진(辛慶晉, 1554~1619)이 찾아와 돌아가신 율곡도 이 상황을 진정시킬 수 없으니 직을 맡지 말라고 만류하였다. 그럼에도 송강은 최선을 다해 제대로 일을 처리하겠다고 하면서 이들의 말을 따르지 않고 위관을 맡았다.

그런데 이후에는 이귀와 신경진이 우려한 그대로 사태가 전개되었다. 숨기지 말고 하고 싶은 말을 다 하라는 왕의 교서가 있었고, 사건을 담당하는 책임자인 위관을 서인 정철이 맡게 되자 정여립과 직·간접적으로 관련이 있는 동인 쪽 사람들을 처벌하라는 상소가 빗발치게 된다. 그래서 필요 이상으로 사건 관련자가 늘어나게 되었고 또 사건에 연루된 것과 상관없이 동인이면서 정여립을 알고 지냈다는 이유만으로 처벌을 받은 사람들이 너무 많았다. 이렇게 되자 뒤늦게 송강은 '과연 내가 진정할 수 있는 것이 아니었다.'고 후회했다고 한다.

정여립 모반 사건으로 시작하여 동인계 인사 1,000여 명을 희생시킨 이 일은 기축년에 일어났다고 하여 기축옥사(己丑獄死)라 부른다. 이 기축옥사는 조선 중기 역사에 큰 영향을 미쳤다. 1575년

동서 분당 이후 가장 충격적인 사태가 발생하면서 이후 어떤 당파가 정권을 잡는가에 따라 기축옥사와 그 책임자였던 송강 정철에 대한 평가가 사뭇 달라지는 양상으로 전개된다.

동인이 정권을 잡으면 정철의 관작을 삭탈해야 한다고 주장하고 반대로 서인이 정권을 잡으면 정철의 관작을 복권해야 한다고 주장하는 식이 약 1세기에 걸쳐 반복된다. 또한 가깝게는 정철의 처벌을 둘러싸고 동인 내에서 강경파와 온건파가 나뉘게 되면서 동인이 북인과 남인으로 분화하는 계기로 작용하였다.

호남에 큰 상처를 남기고 숨을 거두다

한편 이 기축옥사는 특히 호남 지역에 가장 큰 피해를 입혔다. 이 일 이후 호남 지역 사림 사회는 송강을 지지하고 옹호하는 사람들과 송강을 비난하고 욕하는 사람들로 나뉘어 크게 반목하였다. 그 이유는 송강이 위관을 맡아 처벌한 동인 쪽 인사 가운데는 정언신(鄭彦信, 1527~1591), 이발, 정개청(鄭介淸, 1529~1590) 등 호남 출신 동인들이 특히 많았기 때문이다.

기축옥사 처리 과정에서 송강은 좌의정으로 승진하기까지 하였으나 결국은 다시 동인들의 탄핵을 받아 1591년(56세) 6월 생전 처음으로 유배를 가게 된다. 1592년(57세) 임진왜란이 일어나자 5월 초에 유배에서 풀려나 임금을 모셨다. 1593년(58세) 5월 사은사(謝恩使)로 명나라에 갔다가 11월에 돌아왔다. 그런데 송강이 명나라에서 '남은 왜(倭)가 없다'는 식으로 잘못 말하여 명나라가 군사를 일으키지 않는다는 시비에 휘말리게 되자 사면을 청하고 제자 권필(權韠, 1569~1612)이 은거하고 있던 강화 송정촌(松亭村, 지금의 인천광역시 강화군 송해면 숭뢰리)으로 물러난다.

그는 12월 18일 강화 송정촌 거처에서 숨을 거두었다.

4
송강정의 운명

주인이면서 손님처럼 빌려 쓴 송강정

송강 24세(1559년) 무렵에 지은 송강정은 주인이 있을 때보다 주인이 없을 때가 더 많았다. 정자를 지은 지 2년 뒤 진사시에 1등으로 합격하여 서울로 올라갔다. 따라서 이때 송강정을 이용한 것은 길어야 2년이고 어쩌면 그것도 채 안 되는 기간이었을 가능성이 크다. 그러고는 줄곧 주인이 없는 상태로 있다가 송강이 정치적 문제로 낙향할 때 잠깐씩 이용했다고 볼 수 있다.

낙향은 총 네 차례 있었다. 첫 번째 낙향 때 약 2년 3개월(1575. 8.~1577. 11.), 두 번째 낙향 때 약 5개월(1579. 8.~1580. 1.), 세 번째 낙향 때 약 4개월(1581. 8.~1581. 12.), 네 번째 낙향 때 약 4년(1585. 8.~1589. 8.) 등 약 7년이다. 따라서 첫 2년을 합치면 송강이 송강정을 이용했을 것으로 생각되는 기간은 모두 9년 정도라 할 수 있다.

이는 송강정이 지어진 1559년 무렵부터 송강이 사망한 1593년 까지의 34년 중 26.5%에 해당한다. 이렇듯 송강정은 송강 생전에도 약 1/4만 이용하고 약 3/4은 주인이 없는 상태로 비어 있었다. 송강이 왜 스스로 주인도 아니고 손도 아니라고 했는지 그 이유를 능히 짐작할 수 있다.

송강이 죽은 뒤, 송강정은 어떻게 되었을까?

그럼 송강 사후에는 어떻게 되었을까? 송강에게는 정기명(鄭起溟, 1558~1589), 정종명(鄭宗溟, 1565~1626), 정진명(鄭振溟, 1567~1614), 정홍명(鄭弘溟, 1582~1650) 등 네 아들이 있었는데 이 중 창평과 밀접한 관련을 맺고 있는 이는 정진명과 정홍명이다.

첫째 정기명은 맏이로서 서울 집을 지키다 송강보다 먼저 죽었다. 둘째 정종명은 1592년 문과에 장원급제하여 벼슬을 시작하였으나 송강 사후인 1594년 동인들의 모함을 받아 강화로 물러나 지냈다고 한다. 여기서 그는 인조반정(1623년)이 일어나 복귀하기까지 20년 가까이를 보냈는데 아마도 송강이 숨을 거둔 송정촌 거처를 지킨 것이 아닌가 싶다. 그는 인조반정 후 강릉부사를 지내다 임지에서 사망하였고, 그의 묘소는 충청도 진천에 있다. 송강의 묘소는 경기도 고양에 있다가 후에 송시열의 추천으로 충청도 진천으로 옮기게 되는데, 이렇게 되면서 정종명은 죽어서도 송강의 묘소를 지키게 되었다.

정진명은 1601년 진사시에 합격했을 뿐 벼슬한 이력이 없다. 송강 사후 창평 분토마을의 옛집을 지키며 송강정도 돌봤을 것으로 보인다. 정홍명은 송강의 네 아들 중 정치적으로 가장 출세한 인물이다. 1616년 문과에 급제한 그는 인조반정 이후 각종 요직을 거친 후 대제학까지 지냈다. 정홍명은 가장 출세하여 벼슬길에 있는 경우가 많았으나 송강정에 대한 애착 또한 가장 많았던 인물이다.

송강 사후 처음 송강정을 돌본 것은 셋째 정진명이다. 그런데 그는 비교적 이른 나이인 마흔여덟(1614년)에 사망했다. 이때부터 송강정을 돌보는 일은 막내인 정홍명에게 맡겨졌다. 정홍명은 송강이 마흔일곱에 나은 늦둥이다. 그는 1582년 3월 7일생으로 기록되어 있는데 이때는 송강이 세 번째 낙향 후 선조의 배려로 전라도 관찰사를 지내고 있을 때다. 그 후 송강은 도승지로 발탁되어 중앙정치무대에 화려하게 복귀하지만 한 3년 정도 치열한 권력쟁투 끝에 1585년 8월 다시 창평으로 낙향하게 된다. 이때 정홍명은 불과 네 살이었다. 그리고 여기서 여덟 살 때까지 지냈다. 그 뒤 다시 부친을 따라 서울로 올라갔지만 얼마 후 송강이 유배를 당하는 바람에 부친의 유배지에서 지내야만 했다.

송강 사후(1593년, 12세) 그는 다시 창평으로 내려와서 여기서 죽 성장한 것으로 보인다. 이렇게 보면 정홍명은 전라도에서 태어났고 창평에서 주로 자란 셈이다. 따라서 그에게 창평은 고향이나 마찬가지였다. 그래서인지, 아니면 송강의 자식으로 남은 사람은 자기밖에 없다고 생각해서인지 그는 송강정을 매우 소중하게 생각했던 것 같다.

정홍명은 어린 시절 창평으로 내려와 성장한 것도 비슷하거니와 서울과 창평을 오가며 지냈고, 부친의 유배지에서 함께 지낸 것도 송강과 많이 닮아 있다. 1616년 문과에 급제하여 서울로 올라가지만 당시 집권세력이던 대북파의 견제가 심하자 곧바로 창평으로 내려온다. 그리고 이때부터 인조반정이 일어난 1623년까지 창평에서 지내며 송강정을 돌보았다.

인조반정으로 북인 정권이 몰락하고 서인 정권이 들어서자 그는 다시 벼슬길에 나가 여러 요직을 거쳤으며 호당(湖堂, 독서당)[3]에도 뽑히는 영광을 누리기도 했다. 그러다가 1636년 초에 벼슬에 큰 뜻이 없어 창평으로 내려갔다가 병자호란이 터지자 어쩔 수 없이 의병을 모집하는 임시직을 수행할 수밖에 없었다.

적이 물러가자 다시 창평으로 내려갔고 그 후 그는 왕이 높은 벼슬을 임명하더라도 대부분 사양하였으며 벼슬을 하는 경우에는 지방 고을을 다스리는 외직만 일부 맡았다. 전란 이후 복잡한 정치적 상황 속에서 몸을 사린 것으로 보이는데, 아마도 부친 송강의 만년 일을 타산지석(他山之石)의 교훈으로 삼은 것이 아닌가 한다.

이렇게 그는 많은 기간을 창평에서 보내며 송강정을 돌보았다. 뿐만 아니라 부득이 벼슬길에 나가 있는 경우에는 형 정진명의 아

---

[3] 조선시대에는 장래가 촉망되는 젊은 문인들을 뽑아 휴가를 주고 독서당에서 몇 달 동안 독서에만 전념하게 하였다. 엄격한 심사를 거쳐 극소수의 인원만을 선발했기 때문에 여기에 뽑히는 것을 대단한 영광으로 여겼다.

들인 정한(鄭漢, 1599~1652)에게 송강정을 잘 돌보라고 특별히 부탁했다고 한다.

버려진 송강정

송강정이 보살핌을 잘 받은 것은 정홍명과 그의 조카 정한이 살아 있었던 1650년 무렵까지였던 것 같다. 이후 송강정은 100년 이상 버려지고 방치된 것으로 보인다. 100년 가까이 지난 1739년에 송강의 후손인 정재(鄭栽, 1720~1788)가 다방면으로 수소문하여 송강정의 위치를 찾았을 때는 주춧돌은 깨지고 담은 허물어졌으며 주변은 무덤들로 가득 차 있었다. 그러면 왜 이런 일이 일어난 것일까?

정홍명과 정한이 죽은 뒤 송강정이 방치된 것은 송강의 후손들이 이 마을을 떠나 남면 지실마을로 이주했기 때문이다. 정확히 언제부터인지는 알 수 없으나 송강 생전에도 이미 지실마을에 집이 있었던 것 같다. 또 정진명의 경우는 알 수 없으나 정홍명의 경우 만년에 지실마을로 옮겨 살았다. 정진명의 둘째 아들인 정서(鄭溆, ?~1638)의 묘소가 지실 서쪽 절이산(節伊山)에 있는 것으로 보아 그 또한 지실마을에 살았음이 분명하다. 아마도 정씨 일가 전체가 한꺼번에 지실마을로 옮겨 가지는 않았겠지만 적어도 정진명의 손자이자 정한의 아들인 정광연(鄭光演, 1624~1677) 대에는 송강 후손 대부분이 지실마을로 옮겨 산 것이 확실하다. 정광연의 막내아들인 정식(鄭湜, 1661~1731)은 「축산별곡(竺山別

曲)」이라는 가사를 쓴 작가인데 그의 행장을 보면 지곡리, 즉 지실 마을에서 태어난 걸로 되어 있기 때문이다. 이렇게 대부분의 후손들이 분토마을을 떠나면서 송강정은 더 이상 돌볼 사람이 없어 방치되기에 이른다.

송강정보다 환벽당과 식영정을 아낀 후손들

한편 지실마을로 옮겨 간 정광연의 후손들은 대대로 이 마을에 거주하게 되면서 송강 관련 유적 중 송강정보다는 지실마을 근처에 있는 식영정(息影亭)과 환벽당(環碧堂)에 특별한 관심을 기울이게 된다.

환벽당은 나주목사를 지낸 사촌(沙村) 김윤제(金允悌, 1501~1572)가 벼슬을 그만둔 뒤 고향으로 돌아와 후학을 양성하던 곳이다. 이곳에서 그가 길러낸 후학 중 가장 대표적인 인물이 송강 정철이다. 열여섯에 창평에 온 송강이 어느 날 어머니와 함께 순천에 사는 형을 만나기 위해 길을 가다 환벽당 앞에서 잠깐 쉬면서 멱을 감고 있었는데, 그때 낮잠을 자던 김윤제가 앞 시내 용소(龍沼)에서 용 한 마리가 놀고 있는 꿈을 꾸고 깨어 보니 송강이 거기서 놀고 있더라는 일화가 전한다.

이렇게 극적으로 송강을 만나 제자로 삼게 된 김윤제는 온 정성을 들여 그를 가르쳤다. 뿐만 아니라 김윤제는 자신의 외손녀를 송강에게 소개하여 부부의 연을 맺도록 주선하기도 했다. 환벽당은 송강과 김윤제를 사이에 두고 이런 깊은 사연을 품고 있는 곳이다. 그래서일까? 지실마을의 송강 후손들은 환벽당을 소유하기 위해 많은 노력을 기울인다.

그중 핵심적인 인물은 정광연의 셋째 아들이자 송강의 4세손인 정흡(鄭潝, 1648~1710)이다. 그는 환벽당을 지킨다는 뜻의 수환(守環)을 호로 삼았을 정도로 유난히 환벽당에 애착을 보인 인물이다. 결국 그는 김윤제의 후손으로부터 환벽당을 인수하기에 이른다. 인수 후 그는 여기에서 생활하며 환벽당을 지켰다. 그의 손자이자 정민하(鄭敏河, 1671~1754)의 여섯째 아들인 정방(鄭枋, 1707~1789)의 경우 1707년 9월 24일 창평의 환벽당에서 태어난 것으로 송환기(宋煥箕)가 쓴 「판서정공시장(判書鄭公諡狀)」에 기록되어 있다.

식영정은 김윤제의 조카인 서하(棲霞) 김성원(金成遠, 1525~1597)이 장인인 석천(石川) 임억령(林億齡, 1496~1568)을 위해 지은 정자다. 임억령은 당대 최고의 시인이었으므로 식영정에는 주변의 주요 문인들이 수도 없이 드나들었다. 벼슬길에 나가기 전의 젊은 송강도 이곳을 수시로 들러 임억령에게 시를 배운 것으로 알려져 있다. 그리고 이후에는 정치적인 문제로 낙향할 때마다 또 다른 정자의 주인인 김성원을 만나기 위해 이곳을 찾았다. 송강과 김성원은 김윤제 밑에서 함께 공부한 인연으로 11세의 나이 차에도 불구하고 친구처럼 지낸 사이였다. 그리고 송강은 이 식영정을 배경으로 「성산별곡」이라는 가사를 지었다.

이렇게 송강과 깊은 인연을 맺고 있는 곳이기에 송강의 후손들

은 환벽당과 함께 식영정에도 강한 애착을 보였다. 그러던 중 드디어 정민하 대에 이르러 식영정을 인수하고 낡은 정자를 새롭게 수리하게 된다.

한편 현재 송강의 후손이 살고 있는 계당(溪堂)은 송강의 아들 정홍명이 지은 것으로 전하고 있다. 그런데 정홍명의 문집에는 이와 관련된 정확한 기록은 나오지 않는다. 다만 1641년 무렵에 새로 집을 지은 것을 대상으로 쓴 「옥성(屋成, 집이 이루어지다)」이라는 시가 실려 있다.

이로 보면 고서면 원강리 분토마을에 살던 정홍명은 만년에 남면 지실마을로 옮겨 살았을 가능성이 있다. 계당은 이후 타인의 손으로 넘어갔는데 이를 다시 사들인 인물은 정흡의 맏손자이자 정민하의 맏아들인 정근(鄭根)이다. 정근은 이 집을 사들인 후 정성 들여 가꾸었고 이에 주변 사람들이 그를 가리켜 계당공 또는 계당처사라 불렀다고 한다.

이렇게 보면 지금 송강의 후손들이 살고 있거나 소유하고 있는 지실마을 송강 유적의 핵심인 환벽당, 식영정, 계당은 정광연의 자손인 정흡-정민하-정근으로 이어지는 3대의 지속적이고 각별한 노력에 의해 완성되었다고 할 수 있다.(〈송강 가계도 1〉 참조) 그리고 중간에 우여곡절이 있기는 하였으나 이것이 현대에까지 잘 이어져 내려왔고, 21세기가 되면서는 이 세 곳을 이은 삼각형의 가운데 지점에 가사문학관이 들어서게 되면서 현재 많은 이들의 관심과 사랑을 받고 있다.

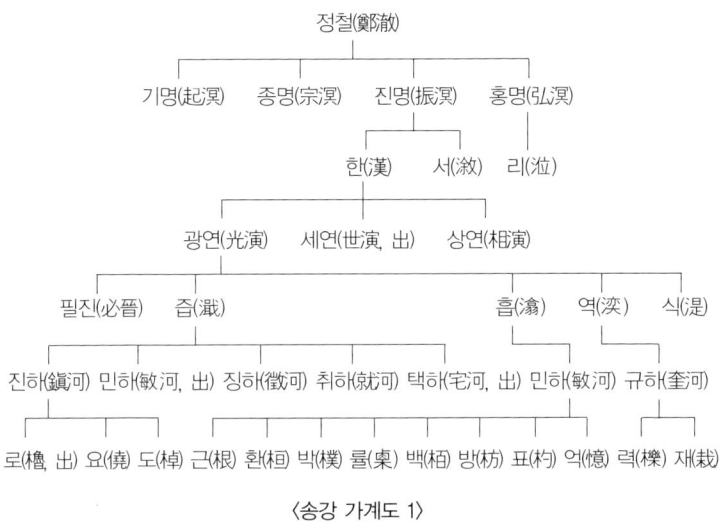

〈송강 가계도 1〉

 반면에 정진명, 정홍명, 그리고 정진명의 아들 정한이 살아 있을 때까지 나름대로 잘 관리되던 송강정은 이들이 모두 세상을 떠난 17세기 중반 이후 약 1세기 이상 돌보는 사람 없이 방치된 것으로 보인다. 그리하여 흔적만 남고 주변 곳곳은 무덤들로 뒤덮이게 되었다.

기와 정자로 다시 태어나다

 솔숲 사이로 난 100개의 계단을 오르면 죽록정(竹綠亭)이라는 현판이 먼저 들어오고 옆을 돌아 정자의 정면을 향해 서면 예상했던 송강정(松江亭)이라는 현판이 보인다. 동남향으로 앉아 있는 이 정자는 정면이 3칸, 측면이 3칸이고 한가운데 방이 있는 형태

송강정은 정면 3칸, 측면 3칸이고 한가운데 방이 있는 단층 팔작지붕에 기와를 얹었다.

를 취하고 있으며, 단층 팔작(八作)지붕에 기와를 얹은 건물이다. 그럼 100년 이상 방치된 채 무덤만 총총하던 이 자리에 지금의 이런 멋진 송강정을 다시 지은 것은 누구일까?

잃어버린 송강정의 터를 수소문하여 찾고 여기에 지금과 같은 모습으로 송강정을 다시 지은 것은 송강의 또 다른 후손인 정재(鄭栽, 1720~1788)라는 인물이다. 정재는 김윤제의 후손으로부터 환벽당을 인수한 정흡의 동생인 정역(鄭湙, 1658~1722)의 손자로서 송강의 6세손이다. 그도 또한 지실마을에 살고 있었던 것으로 보이는데 그런 그가 어떤 계기로 송강정에 관심을 갖게 된 것일까?

어린 시절 송강에 대한 글을 읽으며 공부하던 그는 송강이 송강정을 경영하였으며 그것이 담양에 있다는 것을 알게 되었다. 이후 그는 송강정에 각별한 관심을 갖고 그 위치를 찾아 나선 끝에 드디어 송강정의 옛터를 찾았다. 이때가 그의 나이 20세인 1739년이었다. 그런데 실제 송강정을 다시 짓는 것이 현실적으로 시작된 것은 50세인 1769년이다. 처음 송강정 터를 확인한 지 30년이 지난 시점이다. 왜 이렇게 오랜 시간이 걸린 것일까?

송강정의 위치를 확인한 그는 이를 다시 지을 뜻을 문중(門中)에 알리고 뜻을 같이할 사람을 찾았다. 그런데 이후 30년이라는 세월이 흘렀다. 30년이 지난 1769년 정재는 다시 한 번 송강정 중건의 필요성을 말하고, 아울러 종친과 동지 그리고 여러 군자들이 시문을 남기자고 호소한다. 그런데 지금 송강정에 걸려 있는 글을 보면 이때 지은 것은 정재 자신의 것 외에 아무것도 없다. 결국 문중에서 아무도 호응하지 않았다는 얘기다. 이는 정민하가 식영정을 인수하여 이를 수리하게 되자 정호(鄭澔, 1648~1736)가 「식영정중수기(息影亭重修記)」를 지어준 것과 완전히 대비되는 것이다. 이로써 보면 송강정의 중건은 송강 가문의 철저한 외면 속에 정재 개인의 30년간 이어진 지속적인 열정과 피나는 노력의 결과로 이루어진 것임을 알 수 있다.

다행스럽게도 정재가 송강정을 중건한 지 한참 세월이 흐른 19세기 말 송강의 10세손인 정해길(鄭海吉)과 11세손인 정득원(鄭得源)이 시를 각 두 수씩 지어 바쳤다. 신기한 것은 정해길과 정득원이 모두, 송강의 셋째아들 정진명의 후손으로서 식영정과 환벽당에 강한 애착을 보였던 정광연의 후손이 아니라 정광연의 동생이면서 정기명의 손자로 입양된 정세연(鄭世演)의 손들이라는 점이다.(〈송강 가계도 2〉 참조)

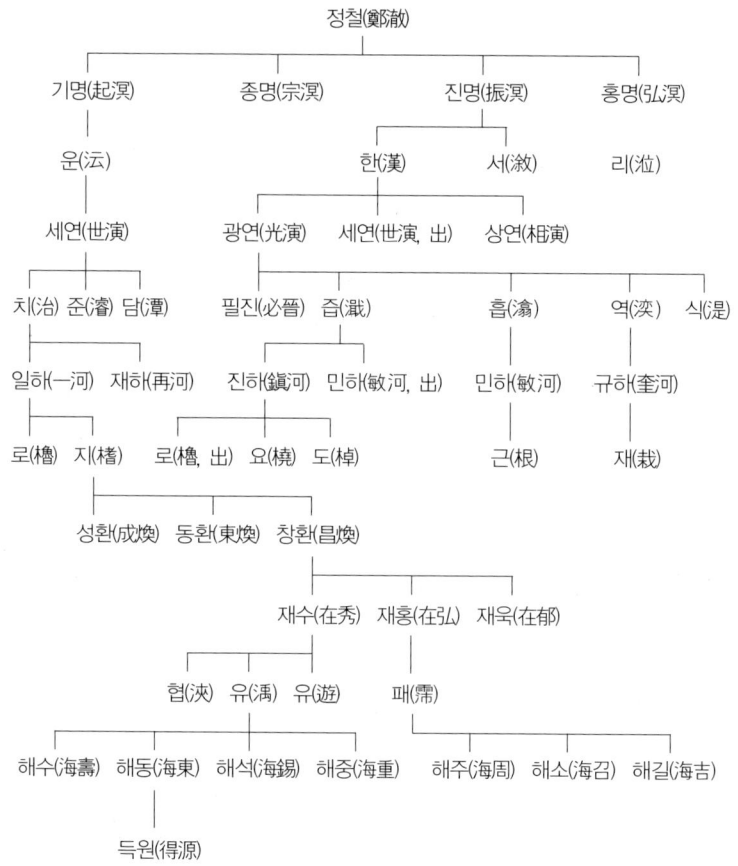

〈송강 가계도 2〉

5
송강정에서 노래한 작품들

정철은 송강정을 만들어놓고 이것을 어떻게 활용했을까? 송강은 오막살이 같은 작은 초정(草亭)을 지은 후 이를 기와 정자로 바꾸지 않았다. 창평에 있는 시간보다 서울에 있는 시간이 더 많았기 때문이겠지만 그래도 욕심이 있었다면 충분히 기와 정자로 중건할 수 있었을 것이다. 하지만 그는 그러지 않았다. 애초부터 그는 이곳을 거창한 정자로 만들어야겠다는 생각이 별로 없었던 듯하다.

혼자만의 공간

그는 환벽당을 찾아 김윤제에게 글을 배웠고, 식영정을 찾아 임억령에게 시를 배웠으며, 그 외에도 인근에 있는 김인후와 기대승 등을 찾아 학문을 배우곤 했다. 이렇게 여러 곳을 돌아다니며 유명한 스승들에게 배우는 것도 중요하지만 배운 것을 혼자 스스로 익히는 과정도 중요하다. 송강정은 배운 것을 익히며 혼자 조용히 하나하나를 깨달아가는 공간으로 필요했던 것 같다. 또한 서울에서 벼슬생활을 하다가 일시적으로 낙향한 경우에는 거의 죄인의 심정으로 보냈기 때문에 이때도 그는 이곳을 주로 혼자 지켰다. 만나고 싶은 사람이 있으면 자신이 그곳을 찾아가 만났을 뿐 이곳 송강정으로 손님을 찾아오게 하는 경우는 거의 없었던 것 같다.

이런 사정으로 송강정에는 그 흔한 '기(記)'도 '제영시'도 하나 없다. 송강정에 걸려 있는 현판의 시문들이 별로 없는 것만이 아니고 송강과 그 주변 인물들의 문집 전체를 두고 보더라도 송강정을 찾은 것과 관련된 작품은 거의 찾을 수가 없다. 송강은 송강정을 혼자만의 공간으로 주로 활용했고, 따라서 송강정에서 지은 시들도 혼자 여기서 느끼는 감회들을 읊은 것들만, 그것도 아주 일부만 전할 뿐이다.

정치적 포부를 밝히다

푸른 하늘 구름 밖에 높이 뜬 학이더니
인간이 좋더냐 무엇 하러 내려왔느냐
긴 깃이 다 떨어지도록 날아갈 줄 모르느냐

긴 깃이 다 떨어져야 날개를 다시 들어
푸른 하늘 구름 속에 솟아 떠오르니
시원코 흰칠한 세계를 다시 보고 말리라

높은 정자에 혼자 올라 비 갠 들을 바라보니	高亭獨上望新晴
끝없이 흐르는 긴 강이라 한없는 마음 일어나네	不盡長江無限情
만약 하늘을 가로지르는 학이 된다면	若爲化作橫天鶴
날아 서울에 이르러 소리 한 번 외치련만	飛到秦京叫一聲

    앞의 두 시조는 서로 짝을 이루고 있다. 첫 번째 작품에서는 인간이 학에게 묻고 있다. 학이라면 마땅히 푸른 하늘 구름 밖에 높이 떠서 고고하게 살아야 할 터인데 어찌하여 인간 세상에 내려왔느냐고 묻는다. 더구나 잠시 내려와 본 것도 아니고 긴 깃이 다 떨어질 때까지 이곳 인간 세상에 머물러 있는 이유가 뭐냐고 묻는다. 두 번째 작품은 이에 대한 학의 답이다. 긴 깃이 다 떨어질 때까지 올라갈 생각이 없으며, 긴 깃이 완전히 다 떨어진 뒤에야 하늘로 올라가겠다고 말한다. 그 이유는 그래야 시원하고 훤칠한 세계를 다시 볼 수 있기 때문이다. 학과의 대화를 통해 새로운 세상을 만드는 데 내 한 몸 바치겠다는 각오와 포부를 밝히고 있다.

    뒤의 한시는 「등사북고정구점(登舍北高亭口占, 집 북쪽의 높은 정자에 올라 즉흥적으로 읊다)」라는 제목이 붙은 작품이다. 집 북쪽의 높은 정자는 송강정을 가리킴이 분명하다. 비가 내리다 그친 후 날이 청명해지자 그는 혼자 송강정에 올랐다. 그러곤 날이 개어 더없이 깨끗한 송강, 즉 죽록천을 바라본다. 끝없이 펼쳐진 긴 강은 북쪽을 향해 쉼 없이 흐르고 있다. 이를 보고 있는 내 맘 속엔 천만 가지 생각이 복잡하게 일어난다. 그중에서도 내 머리를 지배

하고 있는 건 푸른 하늘을 가로지르는 학이 되어 서울로 올라가 청운의 꿈을 펴는 것이다.

20대 중반의 젊은 송강은 이렇게 송강정에 올라 자신의 정치적 포부를 마음껏 뿜어내고 있었다.

숨을 것인가, 나갈 것인가

말을 멈추고 솔뿌리에 앉으니	歇馬坐松根
송강이 눈 아래 있다	松江在眼底
숨어 살 생각 이미 정했으니	幽棲計已定
세밑에 내 이제 떠나리라	歲晚吾將去

항상 바라는 건 물고기 되어	常願化爲魚
깊은 물속에 숨어 사는 것	潛於深水底
가을이 왔으니 몽택 사이에서	秋來夢澤間
비실비실하다 의기양양하게 떠가리라	圉圉洋洋去

청운의 꿈을 안고 나간 정치권. 초반엔 생각대로 요직을 거치며 승승장구했다. 그러나 송강 나이 사십대로 접어든 1575년에 동서 분당이 일어나면서 이때부터 10년 이상은 창평으로의 낙향과 벼슬길로의 복귀를 여러 차례 반복하게 되었다. 이렇게 되자 송강은 깊은 고민에 빠지게 된다. 정치란 백성의 삶을 낫게 할 때 의미가

있다. 그런데 동서 분당 이후 송강이 경험한 것은 그런 정치를 하고 있는 것인지, 아니면 반대파를 몰아내고 자기편이 권력을 잡는 데 관심이 있는 것인지 도무지 알 수 없는 것이었다. 그러던 와중에 반대파의 모함을 받고 창평으로 낙향했다. 그러니 그는 이런 정치 자체를 근본적으로 회의하는 고민에 빠질 수밖에 없었다. 위의 작품들은 이런 그의 고민을 잘 보여주고 있다.

앞의 두 작품은 「망송강(望松江, 송강을 바라보며)」이라는 제목의 시다. 가던 길을 멈추고 소나무 뿌리에 앉아 눈 아래로 흐르는 송강을 하염없이 바라보고 있다. 그렇게 송강을 바라보며 그가 하는 생각은 더 이상 정치권에 나가지 말고 조용히 자연 속에 파묻혀 살자고 이미 결심했던 것을 더욱 단단히 하는 것이다. 그리하여 그는 올해가 가기 전에 그것을 실천에 옮기고자 한다.

다음 작품도 비슷하다. 그는 지금까지 항상 물고기가 되어 물속에 숨어 사는 것을 꿈꿔왔다고 고백한다. 사람의 눈에 띄지 않으면서 온 강물을 유유히 헤엄쳐 다닐 수 있는 물고기의 자유가 부러웠던 것이다. 역으로 생각해 보면 임금과 백성을 위하는 정치를 해야 한다는 강박관념에 얽매여 있었음을 알 수 있다. 이제 그는 이 강박관념에서 벗어나고자 한다.

몽택(夢澤)은 운몽택(雲夢澤)으로 옛날 중국 초(楚)나라 지방에 있던 큰 호수인데, 여기서는 송강을 가리키는 것으로 쓰였다. 어어(圉圉)는 잡힌 물고기가 물에 놓여나면 처음엔 비실비실하고 느릿느릿한 모습을 취하는 것을 가리키는 말이다. 양양(洋洋)은 반

대로 자신만만하고 의기양양하게 앞으로 나가는 모습을 나타내는 말이다. 송강의 물고기가 된다면 처음엔 어색하고 잘 적응하지 못해서 비실비실하겠지만 얼마 지나지 않아 물고기의 자유로운 삶을 맘껏 즐기는 날이 올 것이라 상상하고 있는 것이다.

그러면 송강은 시에서 읊은 것처럼 정말 자연 속에서 자유로운 영혼으로 살아갈 수 있었을까? 다음에 있는 시조가 그 답을 어느 정도 제시하고 있다.

> 쓴 나물 데운 물이 고기보다 맛있어라
> 초가(草家) 좁은 것이 그게 더욱 내 분수라
> 단 하나 임 그린 탓으로 시름겨워 하노라

물만 데워서 밥을 말고 쓴 나물 반찬 하나만 해서 먹어도 고기반찬 잔뜩 늘어놓은 진수성찬보다 오히려 더 맛이 있다. 또 거창하고 화려한 집에서 사는 것보다 자그마한 초가집에서 소박하게 사는 것이 지금의 내 분수에는 더 어울리는 일이다. 번화한 서울 생활을 접고 소박한 전원생활을 택했으니 이 말은 그냥 하는 말이 아니고 사실이다. 그런데 딱 하나 걸리는 게 있다. 그것은 바로 임금에 대한 그리움이다. 아주 특별한 경우를 제외하고 임금을 볼 수 있는 것은 현직에 있을 때만 가능한 것이다. 따라서 신하가 임금을 그리워한다는 것은 벼슬을 하고 싶다는 정치적 욕망을 그렇게 나타내는 것이다. 조선시대 양반들은 정치를 위해 존재했던 신분이다. 그렇기 때문에 그들이 정치를 포기한다는 것은 결코 쉬운 일이 아니었다. 물론 모든 양반들이 다 동일한 삶을 살았던 것은 아니다. 상대적으로 정치적 욕망이 강했던 사람이 있는가 하면 그렇지 않은 사람도 당연히 있었다. 그러나 일반적인 관점에서 보자면 양반들이 정치를 포기한다는 것은 쉬운 일이 아니었기에 이런저런 현실적인 이유로 낙향한 경우에도 그들은 항상 정치권의 동향에 귀를 기울이며 다시 복귀할 날을 고대하며 살았다. 따라서 그들은 결코 생각처럼 자유로운 영혼으로 살 수 없었고 늘 임금과 나라와 백성들에 대한 근심, 걱정으로 나날을 보냈다.

조선 최고의 미인곡을 짓다

송강은 정치적 욕망이 강했던 편에 속한다. 문과에 장원급제하여 벼슬생활을 시작한 이래 그는 이런저런 정치적 부딪침이 있을 때마다 적극적으로 소신 정치를 펼치며 반대 세력과 맞서 싸웠다. 송강을 부정적으로 평가하는 입장에서는 이것을 권력욕이 지나친 탓이라 보기도 하지만, 송강의 입장에서 해석해 보면 양반의 신분으로 타고난 본질에 충실하게 임금을 위하고, 나라를 위하고, 백성을 위하는 길을 가기 위해 취한 행동들이었다고 말할 수 있다.

이런 삶의 자세로 살아간 송강이었기에 동인과 서인이 다툼을 벌이는 과정에서 동인의 배척을 받아 창평으로 낙향한 그는 이 사실을 절대로 차분하게 받아들일 수 없었다. 그는 임금을 위하고, 나라를 위하고, 백성을 위한다는 자기 스스로에 대한 신념이 워낙

쓴 나물 데운 물이 고기보다 맛있어라

초가(草家) 좁은 것이 그게 더욱 내 분수라

단 하나 임 그린 탓으로 시름겨워 하노라

확고했기에 반대파인 동인들을 이런 정치를 가로막고 자파의 이익과 권력만을 추구하는 소인배들로 규정할 수밖에 없었다. 따라서 동인이 주도하는 정치상황은 소인배들이 임금의 눈과 귀를 가림으로써 나라가 위태로워지고 백성들이 어려움에 처하는 것으로 그에게는 인식되었다. 이런 상황을 그저 바라만 보고 있는 것은 양반으로서의 도리가 아니라고 판단했기에 그는 「사미인곡(思美人曲)」과 「속미인곡(續美人曲)」을 써서 임금께 전하고자 하였다.

평생에 원하기를 함께 가자 하였더니

이 몸 만드실 때 임을 따라 만드시니
한평생 연분(緣分)이며 하늘 모를 일이던가
나 오직 젊어 있고 임 오직 날 사랑하시니
이 마음 이 사랑 견줄 곳 전혀 없다
평생에 원하기를 함께 가자 하였더니
늙어서 무슨 일로 홀로 두고 그리는가
엊그제 임을 모셔 광한전(廣寒殿)에 올랐더니
그 사이에 어찌하여 하계(下界)에 내려오니
올 적에 빗은 머리 얽혀진 지 삼 년일세

「사미인곡」 시작 부분이다. 익히 알고 있는 것처럼 송강은 선조

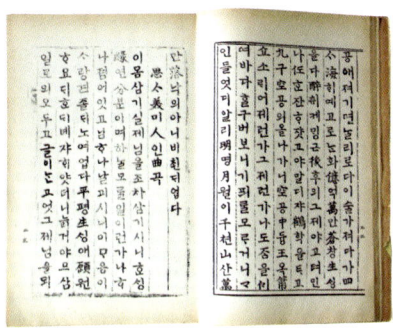

사미인곡

임금과 자신의 관계를 연인관계로 치환하여 말하는 방식을 취하고 있다. 이는 동양문학의 전통에서 이미 널리 자리 잡은 것을 송강이 활용한 것뿐이다. 또 서울에서 창평으로 낙향한 것을 하늘에서 지상으로 귀양 온 것으로 나타냈다. 광한전은 달나라에 있다는 궁전이고, 하계는 인간이 사는 지상세계를 뜻한다. 송강은 창평으로 유배를 온 것이 아니다. 그럼에도 그는 하늘에서 지상으로 유배를 온 것처럼 표현했는데, 이 또한 최초의 유배가사인 조위(曺偉, 1453~1503)의 「만분가(萬憤歌)」에서 이미 사용된 방식을 빌려온 것이다. 이렇게 송강은 중국문학이나 우리문학에서 익숙한 전통으로 자리 잡은 것을 가져와서 완벽하게 자신의 것으로 만드는 데 탁월한 소질을 가지고 있었던 작가다.

송강은 선조와 자신의 관계를 그냥 연인이 아닌 부부인 것처럼 말한다. 부부는 일심동체(一心同體)라 하지 않았던가. 나와 임은

조물주가 처음 만들 때부터 하나로 만들었으므로 한평생을 함께 할 부부의 인연으로 타고 났다. 이에 따라 젊은 시절 우리 둘은 서로에 대한 사랑이 너무도 지극하여 이 세상 어디에도 우리의 사랑을 견줄 곳이 없을 정도였다. 이때 우리는 평생토록 이 마음 변치 말고 끝까지 이렇게 함께 가자고 굳게 맹세했다. 그런데 어찌된 일인지 늘그막에 문제가 생겼다. 엊그제까지만 하더라도 임을 모셨건만 불과 얼마 안 되는 그 짧은 사이에 임과 떨어진 나는 애타게 일방적으로 임을 그리워하는 신세가 되고 말았다. 그렇게 임과 뜻밖의 이별을 한 지가 벌써 삼 년이나 흘렀다.

왜 하필 3년째 되는 해에 지었을까?

「사미인곡」은 송강이 네 번째로 낙향해서 창평의 송강정에서 지낼 때 지은 것이다. 그럼 그 전에는 숱한 낙향이 있었음에도 짓지 않았던 미인곡을 왜 하필 이때 지었을까? 그리고 왜 삼 년째 되는 해에 지었을까?

송강과 선조는 사적으로 특별한 관계였다. 송강의 바로 위 형인 정황의 둘째딸이 선조의 귀인이 되었기 때문에 송강은 선조의 처숙부가 되는 셈이다. 그런데다 명종 말기와 선조 초반에 송강이 보여준 패기, 청렴결백한 모습은 동서 분당으로 어려움에 처한 선조의 마음을 사로잡기에 충분했다. 때문에 선조는 송강이 반대파의 모함에 걸려 창평으로 낙향하더라도 오래지 않아 다시 복귀시켰으며, 곧바로 중앙관직을 임명하는 경우에 시비가 있을 것을 염

려하여 지방관으로 복귀시키는 배려까지 아끼지 않았었다.

그런데 네 번째 낙향의 경우는 사정이 달랐다. 네 번째 낙향의 원인은 선조와 송강이 자초한 측면이 있다. 동인과 서인의 대립이 나날이 격화하자 선조는 송강을 승정원 도승지로 임명하였다. 선조 입장에서는 청렴결백한 원칙주의자인 송강을 도승지로 임명함으로써 혼란스런 상황을 정리하고 싶었겠지만 입장이 다른 동인 편에서 보면 이것은 전쟁을 선포한 것이나 마찬가지였다. 따라서 정국은 더욱 혼란에 빠질 수밖에 없었다.

이 상황에서 형조판서로 승진한 송강은 동인 세력 일부를 귀양 보내는 조치를 취했다. 정국은 더욱 들끓었는데 이 와중에 선조는 송강을 적극적으로 비호하였다. 이런 일련의 일들이 누적되어 동인들의 집중적인 탄핵을 받았고 결국 벼슬에서 물러나 낙향하게 된 것이다. 그렇기 때문에 송강 스스로도 이번의 낙향은 과거 세 번의 낙향과 다를 수 있다는 것을 어느 정도 예감하고 있었다.

예상대로 낙향의 시간은 길어지고 있었다. 두 번째와 세 번째의 낙향은 불과 몇 달 만에 끝났었다. 가장 길었던 첫 번째 낙향이 2년 3개월이었는데 거기에 가까워지는 3년차에 접어들었다. 더구나 송강이 낙향한 이듬해(1586년) 10월에 조헌(趙憲, 1544~1592)이 시국상소를 올려 송강을 적극 변호하였으나 아무 소식이 없었고, 그 이듬해(1587년) 3월에는 율곡 이이의 제자인 이귀(李貴, 1557~1633)가 상소를 올려 스승 이이를 무함하는 것의 문제점을 조목조목 비판하는 가운데 이이의 절친이었던 송강에 대해서는

지혜가 부족한 인물로 묘사하는 일이 일어났다.

그러니까 당시 정국 상황은 중립적 입장에서 동인과 서인의 화합을 도모했던 율곡 이이가 사후에 서인의 당으로 지목되는 것에 대해 그의 제자들을 중심으로 여러 문제제기가 있었지만, 조헌을 제외하면 송강과 그가 속한 서인에 대해서는 적극 변호하는 사람들이 별로 없었다. 송강으로서는 위기의식을 느낄 수밖에 없는 상황으로 흘러가고 있었던 것이다. 이것이 송강으로 하여금 「사미인곡」을 짓게 만든 배경이라 할 수 있다.

임인가 반기니 눈물이 절로 난다

> 하룻밤 서릿김에 기러기 울고 갈 때
> 위루(危樓)에 혼자 올라 수정렴(水晶簾)을 걷으니
> 동산에 달이 나고 북극에 별이 뵈니
> 임인가 반기니 눈물이 절로 난다
> 맑은 빛을 붙잡아 봉황루(鳳凰樓)에 부쳤으면
> 누 위에 걸어두고 팔황(八荒)에 다 비추어
> 깊은 산 험한 골짝 대낮같이 만드소서

「사미인곡」은 송강이 선조를 그리워하는 마음을 계절별로 나누어 노래한다. 그 중 이것은 가을에 해당하는 부분이다. 하룻밤 사이에 서리 기운이 감도는 가을이 되자 어김없이 가을의 전령인 기러기가 찾아 왔다. 위루는 위태롭게 느껴질 정도로 높은 누각을 말한다. 송강이 지은 시 중에 「축요루(祝堯樓)」라는 것이 있는데 담양 객사 동쪽에 있던 동명의 누각에 올라 읊은 것이다. 여기서 그는 "서울 떠나 천 리 길, 하늘 끝에서 또 가을을 맞네. 외로운 신하 이미 백발이건만, 혼자 축요루에 오르네.(去國一千里, 天涯又見秋, 孤臣已白髮, 獨上祝堯樓)"라고 읊었다. 계절이 가을이고 혼자 축요루에 올라 임금을 그리워하는 마음을 나타냈다는 점에서 시상이 아주 비슷하다. 따라서 위루는 축요루인지도 모르겠다.

아무튼 누각에 올라 수정 구슬을 꿰어서 만든 아름다운 발을 걷으니 밤하늘에 달과 별이 모습을 드러낸다. 달과 별을 보는 순간 임 생각이 절로 나서 나도 모르게 눈물이 주르르 흘러내린다. 이어서 드는 생각은 저 달빛과 별빛의 맑은 영혼을 가져와서 임금이 계신 봉황루에 보내고 싶다. 그러면 임금께선 봉황루 위에 맑은 빛을 걸어두고 팔황, 즉 온 세상에 그 빛을 다 비추어 아무리 깊고 험한 곳이라 할지라도 대낮처럼 밝게 만드실 것 같다는 행복한 상상을 하고 있다.

여기서 보듯 송강이 임금을 그리워하는 것은 나라를 생각하고 백성을 위하는 마음과 동일한 것이다.

왜 굳이 속편까지 썼을까?

「속미인곡」은 「사미인곡」의 속편에 해당한다. 송강은 왜 속편까지 써야만 했을까? 「사미인곡」을 써서 자신의 뜻을 나타냈지만 상황은 별로 달라진 게 없었다. 오히려 상황은 송강에게 더욱 불리한 방향으로 흐르고 있었다.

1586년 10월에 이미 시국상소를 올려 송강을 적극 변호했던 조헌은 1587년 9월에 다시 상소를 올리게 되는데 이 과정에서 감사가 불필요한 시비에 휘말릴 것을 두려워한 나머지 상소를 받지 않았다. 조헌은 거듭 상소를 올리고 감사는 이를 받지 않는 일이 네 차례나 반복되자 결국 조헌은 공주 교수에서 물러나 향리로 가버렸다. 송강을 적극 변호하던 유일한 인물마저 사라지게 된 것이다.

이렇게 되자 송강은 다시 한 번 임금에게 직접 호소하는 방식의 하나로 「속미인곡」을 쓴 것으로 보인다.

어와 너로구나 이내 사설 들어 보오

저기 가는 저 각시 본 듯도 하구나
하늘 위 백옥경(白玉京)을 어찌하여 이별하고
해 다 져 저문 날에 누굴 보러 가시는가
어와 너로구나 이내 사설 들어 보오
내 얼굴 이 거동이 사랑받을 만한가마는
어쩐지 날 보시고 너로다 여기시매
나도 임을 믿어 딴 맘이 전혀 없어
아양이며 교태며 어지럽게 굴었는데
반기시는 낯빛이 전과 어찌 다르신가

…(중략)…

그렇게는 생각 마오 맺힌 일이 있습니다

…(중략)…

임 계신 곳 소식을 어떻게든 알자 하니

오늘도 거의로다 내일이나 사람 올까

내 마음 둘 데 없다 어디로 가잔 말인가

잡거니 밀거니 높은 산에 올라가니

구름은 물론이고 안개는 무슨 일인가

산천(山川)이 어둡거니 일월(日月)을 어찌 보며

지척(咫尺)을 모르거든 천 리를 바라보랴

차라리 물가에 가 뱃길이나 보려 하니

바람이야 물결이야 어리둥절하겠구나

사공은 어디 가고 빈 배만 걸렸는가

강가에 혼자 서서 지는 해를 굽어보니

임 계신 곳 소식이 더욱 아득하구나

…(하략)…

「속미인곡」은 A와 B의 대화체로 구성되어 있다. A는 B로 하여금 속마음을 꺼내게 만드는 역할을 한다. 첫 부분에서 "저기 가는 저 각시 본 듯도 하구나"라고 아는 척을 하면서 이미 날이 저물었는데 이 늦은 시간에 어디를 가느냐고 물어봄으로써 B가 말을 하게끔 유도한다. 이에 B는 자신의 사연을 털어놓는다. 크게 사랑받

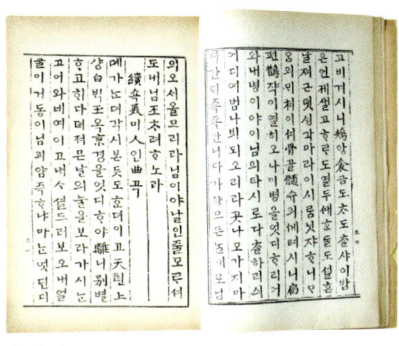

속미인곡

을 정도는 아니지만 그래도 임이 알아주기에 그런 임을 믿고 온갖 아양을 떨어가며 최선의 노력을 다했는데 이제 와 갑자기 날 대하는 낯빛이 달라졌다.

생략된 부분에서는 생각해보니 자신이 지은 죄가 많다고 하면서 이렇게 된 것은 그 누구의 탓도 아니요 운명이라고 자책한다. 이에 A는 그렇게 생각하지 말라고 하면서 임과 나 사이에 맺힌 일이 있다고 말해준다. 내가 모르는 임의 입장이 있을 수 있음을 넌지시 제시하는 것이다. 이렇게 A는 임의 입장을 대변하는 역할을 하기도 한다.

이에 나는 (중략) 부분에서 자기도 임을 모셔 봐서 임의 일을 잘 알고 있다고 하면서 임의 안부를 걱정하기 시작한다. 이어 임의 상황이 더욱 궁금해진 나는 위의 인용에서 보듯 임의 소식을 알아보기 위해 산에도 올라보고 강에도 나가 보지만 그 어느 곳에서도 임의 소식을 들을 수가 없다. 그러다 밤중쯤 돌아와 지쳐 잠이 들었는데 꿈에 임을 만나게 되었다. 반가운 마음에 할 말은 넘쳤지만 목이 메어 제대로 하지 못했는데 닭이 울어 잠에서 깨고 말았다. 그래서 현세에서 임을 모시는 게 어렵다면 죽어 달이 되어 임 계신 창을 비추겠다고 말한다.

이에 A는 달보다는 궂은비나 되라고 충고한다. 지금 B의 처지에서 임 계신 창을 밝게 비출 여력이나 있는지 냉정히 돌아보라는 것이다. 자꾸 임의 곁에 가는 것을 당연한 전제로 하여 임을 보살필 생각을 하는데 지금의 처지는 궂은비가 되어 하염없이 내려도 임이 알아줄까 말까라는 것이다.

이렇게 보면 「속미인곡」은 A와 B의 대화 형태를 통해 임에게 갈 수 있으리라는 믿음과 현실적으로 갈 수 없을지도 모른다는 체념 사이에서 혼란을 겪고 있는 송강의 이중적인 마음을 표현한 작품이라 할 수 있다.

6
송강정, 그 쓸쓸함에 대하여

송강은 조선 중기 정치사에 일대 파란을 일으킨 당대 최고의 권력자 중의 한 사람이지만 송강정만큼은 오막살이 같은, 작고 소박한 초정(草亭)으로 지었다. 그것도 언제 지었는지도 모르게 조용히. 크게 출세한 이후에 초정을 기와 정자로 바꿀 수도 있었지만 그는 그렇게 하지 않았다. 심지어 이름도 붙이지 않아서 편리한 대로 죽록정이라고도 하고 송강정이라고도 했다. 그리고 필요하면 이용하고 그렇지 않을 땐 굳이 애써 돌보려 하지 않았다. 그래서 그 스스로도 이 정자의 주인인지 손님인지 착각할 정도였다.

외롭게 자리를 지켜 온 송강정
정자를 경영하는 대부분의 양반들은 한 명이라도 더 자신의 정자를 찾아주길 바라고, 유명한 사람으로부터 한 편의 글이라도 더 받아서 과시하고 싶어 했다. 그러나 송강은 그렇게 하지 않았다.

그는 오히려 이 정자에 손님이 오는 것을 꺼렸다. 사람을 만나고 싶으면 자신이 찾아가고 자신의 정자로 사람을 오게 하는 경우는 거의 없었다. 그는 이 정자에서 오로지 혼자만의 시간을 보내며 정치적 포부를 키우고, 임금을 생각하고, 나라를 생각하고, 백성을 생각했다.

송강이 최대한 자연스럽게 활용하고자 했던 송강정은 송강 사후 약 반세기 정도는 후손의 돌봄이 있었으나 그 뒤에는 자연으로 돌아갔다. 아무도 돌보지 않은 상태로 장기간 방치된 송강정은 그 최소한의 흔적만 남기고 주변 일대는 무덤으로 뒤덮여 갔다. 18세기 중·후반 이를 안타깝게 여긴 송강의 6세손 정재가 잃어버린 송강정의 흔적을 어렵게 찾아 그럴듯한 기와 정자로 다시 세우기는 했으나 이때도 그를 돕는 사람은 거의 없었다. 그야말로 약 30년간 고군분투한 결과 송강정은 지금의 모습으로 탄생할 수 있었다.

그러나 그 뒤에도 송강정은 별로 주목받지 못했다. 1882년 송병선(宋秉璿, 1836~1905)은 여러 사람을 대동하고 순천 여행에 나섰다. 전주를 지나고 장성을 거쳐 광주 평장동(지금의 담양군 대전면 평장리)을 통과한 일행은 드디어 송강정을 지나게 되었다. 그런데 날이 저물어 오르지 않았다. 달을 이고 그들은 곧바로 지실마을로 향해 갔다.

비단 19세기 말에만 그런 것이 아니다. 20세기 말 『나의 문화유산답사기』의 저자 유홍준도 바쁜 일정 탓에 송강정은 패스하고 말았다. 21세기 들어 지실마을에 가사문학관이 들어서면서 송강정

패스 현상은 더욱 심해진 것이 아닌가 싶다. 그러고 보면 송강정은 탄생 이후 지금까지 단 한 번도 크게 주목받은 적이 없이 외롭게 자리만 지켜왔다고 하겠다.

외로움과 쓸쓸함을 아는 송강정의 진짜 주인

이 송강정의 외로움, 쓸쓸함을 어떻게 이해해야 할까? 지금까지 이렇게 존재해온 송강정을 안타깝게 여기면서 지금이라도 관심을 좀 가져주기를 강력히 촉구해야 할까? 그런데 꼭 그럴 필요가 있을까 싶다. 우리나라에는 가는 곳마다 정자가 수도 없이 많다. 그 많은 정자를 다 똑같은 방식으로 이용할 필요가 있을까? 어떤 정자는 전망이 좋아서 오르고, 어떤 정자는 휴식을 취하기 좋아서 오르고, 또 어떤 정자는 함께 세미나하기 좋아서 오르고…. 그러면 되는 것 아닌가 싶다.

그럼 송강정은 어떤 사람이 찾으면 좋을까? 송강정만큼은 다른 정자와 달리 정자의 내력을 좀 아는 사람들이 찾았으면 좋겠다. 그래서 송강정의 그간 외로움을 보듬으면서도 그 쓸쓸함의 진짜 의미를 묻고 생각할 수 있으면 더할 나위 없이 좋을 것 같다. 송강은 자신의 정자임에도 불구하고 여기서 손님 같은 느낌을 받았다고 했는데, 오늘의 우리는 그 역으로 손님으로 왔다가 송강정의 주인이 되어 보는 것은 어떨까?

100개의 계단을 올라 죽록정이라는 현판이 보이는 옆면을 지날 때까지는 그냥 손님으로 있자. 돌아서 정면 쪽으로 가서 정자의

앞으로 죽 나가면 그 끝부분에 몇 개밖에 안 되는 계단이 보인다. 저 아래 마을에서 이 계단을 통해 송강정을 올랐다고 치고 이제 정자의 주인이 되어 보자.

그래, 여기까지가 내가 가꾼 땅이었다

송강정 앞에 앉아 저 멀리 무등산을 바라본다. 그 산 줄기가 뻗어내려 광주와 창평이 만나는 저곳, 물이 너무도 맑아 창계(蒼溪)라고 부르던 그 시내. 어머니 손잡고 순천으로 형님 만나러 가다 그곳에서 떡 감았었지. 그러다 김윤제 선생 눈에 띄어 환벽당에서 공부하고 또 거기서 평생 지기(知己) 김성원도 만났었다. 환벽당 건너 식영정에선 임억령 선생에게 시를 배우고 김성원과 담소도 나누고 언젠가 거기서「성산별곡」도 지었었다.

고개를 살짝 돌려 오른쪽을 보니 시비(詩碑)가 보인다. 그 순간 여기서「사미인곡」과「속미인곡」을 쓴 기억이 되살아난다. 오른쪽으로 돌아 정자의 뒤를 거쳐 죽록정 현판이 걸려 있는 정자의 옆면으로 다시 와서 앉는다. 눈 아래로 창계보다 더 넓은 죽록천이 흐르고 있다. 이 천은 잠시 북쪽으로 흘러 영산강으로 들어간다. 북으로 흐르는 물길을 바라보며 임을 떠올리고 한없이 그리워했던 기억이 새록새록 살아난다.

하천 너머 넓은 들판이 펼쳐져 있고 저 멀리 면앙정이 보일 듯하다. 면앙정의 위치를 더듬는 순간 송순 영감의 과거급제 60년을 축하하는 회방연(回榜宴) 때 내가 제안하여 영감의 가마를 고경

명, 임제와 함께 직접 메고 갔던 기억이 생생히 떠오른다.

  옛날 생각을 하니 잠시 걷고 싶어진다. 올랐던 계단을 다시 내려가 왼쪽으로 돌아 산으로 난 길을 향해 걷는다. 조금 걷다 보니 길 왼쪽으로 대숲이 우거진 터널 같은 길이 보인다. 오르막이긴 하지만 양쪽이 대숲으로 우거진 길이라서 대숲 터널이 끝나면 뭐가 있을지 궁금하다. 얼마 안 오른 것 같은데 대숲 터널이 끝나고 일반적인 수종의 보통 산으로 바뀌는 것을 발견하게 된다.

  그래 여기까지가 내가 가꾼 땅이었다.

참고문헌

김갑기, 『정철 시선』, 지식을 만드는 지식, 2009.
박영주, 『고집불통 송강 평전』, 고요아침, 2003.
박준규·최한선 글, 박행보 그림, 『미인곡의 산실 송강정』, 태학사, 2000.
정재호·장정수 공저, 『송강가사』, 신구문화사, 2006.
허경진, 『송강 정철 시선』, 평민사, 2007.

여행 길잡이

참을 수 없는 그리움
글이 되어 떠오르는 송강정

 송강정, 그 이름이 한없이 간결하다. 소나무가 있는 강에 지은 정자이니 송강정이다. 무등산에서 내려오는 물줄기와 창평 쪽에서 내려오는 물길, 광주의 삼각산 쪽에서 오는 죽록천이 큰 강으로 커져가는 언덕 위에 송강정은 자리한다. 당연히 소나무가 울울하게 자라고 있고, 강물은 그런 소나무 그림자를 안고 유유히 흘렀을 것이다. 지금은 식영정과 환벽당이 있는 상류 지점에 광주호가 생겨나서 물길이 예전 같지 않지만, 이 근동 사람들은 송강정 아래를 일컬어 쌍교라고 하고 모래찜질을 다녔을 정도로 강도 넓고 모래사장도 넓었던 곳이다.
 쌍교라는 말에는 이곳의 지리적 특성이 잘 담겨 있다. 광주에서 담양읍내로 가자면 이 강을 건너가야 한다. 그래서 다리가 하나 놓여 있었는데, 여기에 일제강점기 광주와 담양을 이어서 포항까지 가는 철길을 조성하려 했다. 하지만 물자가 여의치 않자 일제는 광주와 담양까지만 철도를 운영하다 쇠붙이가 부족해지자 철로를 떼어갔다. 그런 사연으로 기차는 가지 않지만 철교가 놓여 있으니 쌍교가 된 것이다.

이런 쌍교를 내려다보는 언덕 위 솔숲에 자리 잡은 송강정은 '한바다'라고 하는 담양 고서의 뜨락과 그 끝자락에 지어미의 품처럼 너른 가슴을 가진 무등산을 올려보고 자리한다. 송강정의 왼편에 흐르는 강을 증암강 즉, 시루바위에서 흐르는 강이라고도 하고, 송강이라고 하며, 정자 바로 밑 삼각산과 원강리에서 흘러오는 물을 죽록천이라고 불렀던 것이다.

송강정의 아래로 내려가 보면 지금은 실개천 같은 물줄기가 흐르지만 굽은 듯 흘러내려 흙을 깎아내고 바위를 드러내는 일종의 공격사면이 남긴 바위 벼랑이 있다. 돌과 물 위에 얹는다는 정자의 입지 원칙에 어긋남이 없다. 물이 가지고 있는 정신과 바위가 가지고 있는 성질을 모두 본받고자 하는 마음이 조영관에 담겨 있는 것이다.

물은 위에서 아래로 흐르고, 비워 있으면 채우고, 넘치면 흐르고, 흐리면 맑게 정화하고, 그 자신뿐만 아니라 주변까지 정결하게 하며, 무엇이 맑든 더럽든 모두 받아들여, 마치 만 갈래로 시작한 물이 커다란 바다로 가는 해불양수의 이치를 선비들은 닮고자 했으며, 그 물을 바라보고 스스로 수양하고자 했던 것이다. 바위는 한번 굳어진 성질을 수만 년이 지나도 결코 변치 않고 지켜가는 곧은 성정을 지녔다. 만고불변의 곧은 이치를 선비들은 또한 닮고자

했던 것이다. 세상의 모든 누정이 수·석 위에 자리한 이유다.

　송강정의 자리에는 원래 도문이라고 하는 스님이 지은 조그마한 정자 죽록정이 있었다고 한다. 그곳을 송강 정철이 다시 고쳐 짓고 송강정이라고 명명했기에 정자의 전면에는 송강정 현판이, 측면에는 죽록정 현판이 자리한다. 이 지역은 송강이 어렸을 적 당쟁에 연루된 아버지가 이거해서 살았던 곳이다. 전하는 이야기로는 아버지 정유침이 귀양길에서 본 마을의 지세가 좋아 그의 아버지 즉 송강의 할아버지 묘를 쓰고자 하니, 마을 사람들이 원해 이거해 주어 묘를 쓰고, 새로 마을을 만들었다고 해서 원이동이라고 부른다고도 한다.

　어릴 적, 10여 년을 이 고장을 배경으로 성장한 송강에게는 그가 태어난 한양이 아니라 바로 여기가 고향 같았을 것이다. 그리고 그의 삶에서 가장 처참한 시기인 1585년 대사헌에서 물러나 이곳에 머물면서, 임금을 향한 충성심을 여인의 남편에 대한 그리움에 빗댄 「사미인곡」과 「속미인곡」을 창작한 것이 아닐까.

북쪽 버스종점에서 무등산이 다듬어 놓은 돌계단과 옹립하는 소나무를 따라 오르면 펑퍼짐한 곳이 나타나고 무등산에 오버랩 되는 정자와 뜨락과 강줄기를 보면 송강 정철의 문학이 왜 여기서 떠올랐는지 조금은 짐작할 수 있을 것 같다. 문학에 있어서는 빼어난 가사와 시로써 이름난 그였지만, 정치적으로는 서인의 영수로서 물불을 안 가리며 뜻을 행하고자 했다는 평도 받는다. 물론 그 배후에는 왕권을 강화하려는 선조의 술책이 있었겠지만. 1589년 기축옥사의 위관으로서 송강이 동인 그중 호남의 동인들에게 가한 모진 징벌은 끝내 회복되지 못할 아픔으로 남는다. 시문학사에 길이 남을, 1969년에 건립한 사미인곡 시비는 송강정과 나란히 있지만 말이다.

여행팁

솔숲에 부는 바람이 불 때 찾거나 솔잎에 눈이 쌓일 때 찾으면 좋다. 사미인곡 시비를 통해 교과서에서 배웠던 연군지사가 무엇인지 임과 왕을 비교하면서 한번 읽어봄직하다. 정자 아래로 내려가 마을에서 내려오는 수로를 따라가면 바위 직벽이 나타난다. 그곳 바위 위에 송강정이라는 각자가 드러난다. 현판의 글씨를 영원히 남기고자 모각한 것으로 그 옛날 이곳이 강 위에 돌올하게 있었음을 입증하는 것이기도 하다.

송강정松江亭
현판

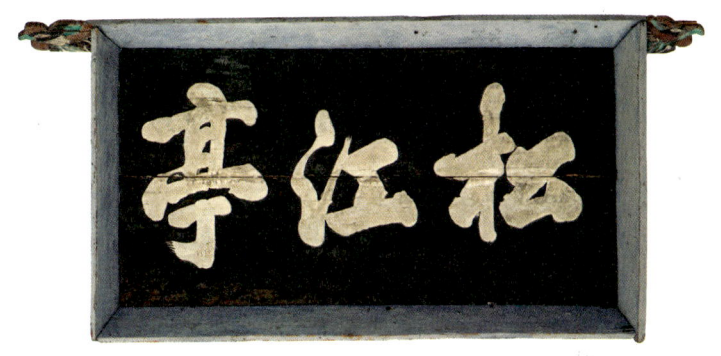

송강정 소나무 송 松, 강 강 江, 정자 정 亭

송강(松江)은 정철의 호(號)이다. 원래 '죽록정(竹綠亭)'이라는 이름이 있었으나, 일찍부터 '송강정'이라고도 함께 쓰였다.

죽록정 대 죽 竹, 푸를 록 綠, 정자 정 亭

푸른 대나무 정자

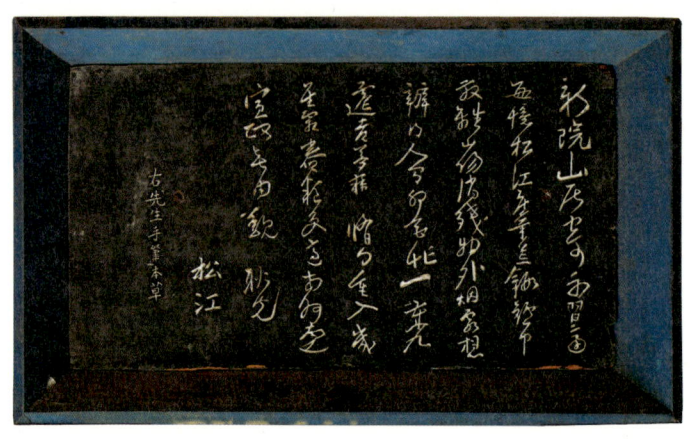

신원[1] 산에 있으면서 습재[2]에게 부치다
新院山居 寄示習齋

늘 송강[3]의 옛 집이 황폐함을 생각하면	每憶松江舊業荒
대장장이 혜강이 산양 떠났을 때 같다네[4]	鍛鑪中散離山陽
속세 떠나 풍류 즐기는 생각은 사라지고	消殘物外煙霞想
여느 관원들처럼 출퇴근하느라 바빴었지[5]	辦得人間卯酉忙
꿈결처럼 한 해에 아홉 번씩이나 옮겼고[6]	一歲九遷都夢寐
대궐에 다시 들어가선 몇 해를 보냈던가	修門重入幾星霜
다시 남쪽 멀리 가려 양식을 찧어놓으니[7]	春糧更適南州遠
조정에서 성상을 뵈올 길이 없겠네	宣政無由覲耿光

송강 松江

위는 선생께서 손수 쓴 초고이다 右先生手筆本草

1 신원(新院) : 경기도 고양에 있는 송강 정철의 선산이다. 정철이 선산에 있던 시기는 1570년 1573년 부친상과 모친상을 당했을 때와 1585년 양사의 논척을 받았을 때 그리고 1589년 아들 상을 당했을 때이다. 본 시 7구에서 다시 남쪽으로 간다고 했으니 1585년으로 추정할 수 있다. 이 시는 정철과 교분이 두터웠던 친구 권벽에게 보낸 시이다.
2 습재(習齋) : 권벽(權擘, 1520~1593)의 호이다. 본관은 안동(安東). 자는 대수(大手), 호는 습재(習齋)인데, 유명한 시인 석주 권필(權韠)의 아버지이다. 1543년에 식년문과 을과로 급제하여 여러 벼슬을 역임하였다. 저서로는 시를 모아 간행한 『습재집』이 있다.
3 송강(松江) : 담양 송강정 아래 천을 죽록천 또는 송강이라고 하였다.
4 대장장이 … 같아 : 혜중산은 혜강(嵆康)으로서 죽림칠현(竹林七賢)의 한 사람이다. 그는 벼슬에서 물러나 가난하게 대장간 일을 하면서 산양에서 살았다. 여기서는 훗날 종회(鍾會)의 참소로 사형을 당하게 된 혜강이, 산양의 죽림에서 최후까지 은거하다 죽음으로 그곳을 떠남을 말한 것이다. 단로(鍛鑪)는 대장간의 화로라는 말이다. 죽림의 풍류가 사라짐이, 정철이 송강정(당시 죽록정)을 떠나 있는 것과 같다는 표현을 한 것이다.
5 여느 … 바빴었지 : 관원은 묘시(卯時, 오전 6시)에 출근하고 유시(酉時, 오후 6시)에 퇴근하였다. 여기서는 관직생활에 바빴다는 것을 의미한다.
6 꿈결처럼 … 옮겼고 : 한 해에 관직을 9차례 옮긴 것을 표현했다. 예컨대 1566년과 1578년에는 송강은 각각 9~10차례 이직하였다.
7 다시 … 찧어놓으니 : 용량(舂糧)은 『장자』 「소요유(逍遙遊)」에 "가까운 교외에 가는 자는 세 끼 밥만 가지고 갔다가 돌아와도 배가 여전히 부르고, 백 리를 가는 자는 전날 밤에 양식을 찧어서 준비해야 하고, 천 리를 가는 자는 삼 개월 전부터 양식을 모아야 한다."라는 데서 나온 말이다. 다시 낙향하는 상황임을 뜻한다.

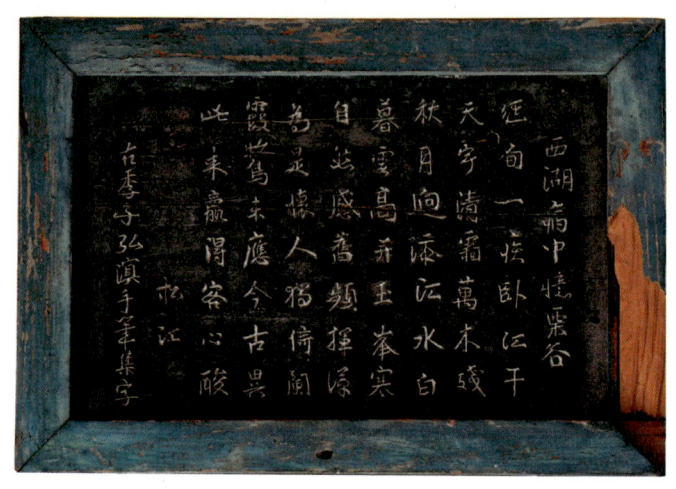

서호[8]에서 병중에 율곡을 생각하며
西湖病中憶栗谷

십 일 남짓 병으로 강 언덕에 눕고 보니 經旬一疾臥江干
하늘 무서리에 온갖 초목은 시들고 말아 天宇淸霜萬木殘
가을 달에 먼 강물은 그 빛 더욱 하얗고 秋月迥添江水白
저문 구름 옥 같은 봉우리 높이 둘러 서 있네[9] 暮雲高幷玉峯寒
그래서인가 옛 생각에 눈물 자주 훔치고 自然感舊頻揮涕
이렇게 그대 그리워 홀로 난간에 기대어 보네 爲是懷人獨倚闌
석양 무렵 따오기 예나 지금이 다를까만 霞鶩未應今古異
여기 나그네 신세는 더욱 처량하구나 此來嬴得客心酸

송강 松江

위는 막내아들 홍명(弘溟)이
손수 쓴 글들 가운데 글자를 모은 것이다.

右季子弘溟手筆集字

---

8 서호(西湖) : 북송의 은사(隱士)인 임포(林逋)가 항주 서호(西湖)의 고산(孤山)에 초막을 짓고는 매화를 심고 학을 기르며 숨어 살았던 이야기가 있는데, 서호는 예로부터 지금까지 시인 묵객들의 시 소재로 많이 인용되고 있는 지명이기도 하다. 여기서는 한강 하구 양천현에 있는 서호(西湖)를 가리키는 말이다. 당시 〈서호도(西湖圖)〉등의 관련 작품이 많이 남아 있다.
9 옥 같은 봉우리는 여기에서 북한산을 가리키는 말이다.

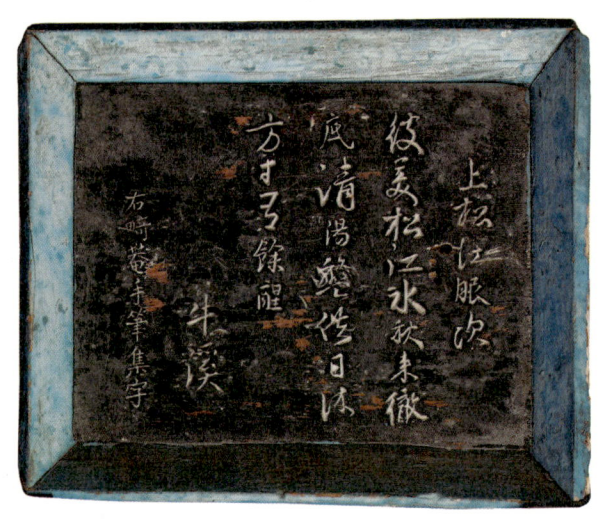

송강의 복차에 올리다[10]
上松江服次

저 아름다운 송강의 물이	彼美松江水
가을 들어 바닥까지 더욱 맑아라	秋來徹底淸
탕반에 부어 매일 씻으면[11]	湯盤供日沐
마음 또한 깨우침 있겠지	方寸有餘醒

우계[12] 牛溪

위는 기암(畸菴) 정홍명(鄭弘溟)이

손수 쓴 글들 가운데 글자를 모은 것이다.

右畸菴手筆集字

---

10 송강의 … 올리다 : 제목에 복차(服次)는 상을 당한 사람을 위로하는 서식 말미에, "연호 월 일 아무개 벼슬 성명 아무개가 아무개 벼슬의 복전(服前)에 글을 올립니다."라고 하는데, 친구끼리의 경우 "복전(服前)" 대신 "복차(服次)"라고 한다. 이를 통해 정철이 상중에 있음을 알 수 있다. 이 시는 성혼(成渾)의 『우계집(牛溪集)』에 「송강 정철의 운에 차운하다[次鄭松江澈韻]」라는 제목으로 실려 있다.
11 마음 … 있겠지 : 탕반(湯盤)은 상(商)나라 탕왕(湯王)이 목욕하던 그릇으로, 탕왕이 그릇에 명문(銘文)을 새기기를, "어느 날 목욕을 하여 새롭게 하였으면 나날이 새롭게 하고 또 날로 새롭게 하여야 한다."라고 하였는데, 여기서는 사람이 목욕하여 몸을 깨끗이 함으로써 마음까지도 맑아야 함을 경계하고 있다.
12 우계(牛溪) : 성혼(成渾, 1535~1598)의 호이다. 본관은 창녕, 자는 호원(浩原), 시호는 문간(文簡)이다. 백인걸(白仁傑)의 문인이고, 이이 정철 송익필 등과 교유하였다. 저서로는 『우계집』과 편서 『주문지결(朱門旨訣)』, 『위학지방(爲學之方)』이 있다.

남겨진 터를 수리할 때 송강, 우계 두 선생의 시에 느낌이 있어 짓다
遺墟修理時 敬次松江牛溪兩先生韻 感而有述

이 누정 몇 해나 버려져 있었나	廢棄何年事
빈산은 주인과 길손을 잃은 것 같네	空山失主賓
이제 와서 옛터를 수리하니	繼今修舊址
그 누가 이 누정에서 다시 노닐까	誰復作亭人

옛날 강호에서 병으로 누워	江湖昔臥病
노래와 술로 한가하게 갈매기만 벗하였네	歌醉伴閒鷗
이곳에 남기신 자취 다시 찾아와서	遺躅重尋處
홀로 강가에 서니 쓸쓸하기만 하여라	悄然獨立洲

죽록이란 정자의 이름인데	竹綠又亭名
그걸 모르고 나이만 들었다네	不知而老去

| 근래 마리[13]의 이야기도 들었고 | 近聞馬里傳 |
| 또 봉암의 말도 따져보았다네 | 更質鳳嵒語 |

높다란 곳에 황량한 터가 있는데	荒址巋然在
흐르는 강물만 속절없이 절로 맑아라	江流空自淸
소나무 심은 차에 잡초도 없애니	種松兼屛穢
이제야 내 마음이 후련해지는구나	從此我心醒

죽록과 송강은 하나의 누정이니	竹綠松江卽一亭
선생께서 소일하신 곳이 이곳이라네	先生於此謝簪纓
유지가 지금 황폐해져서 안타까우니	可憐遺址今荒廢
조만간 중수하여 품평을 들으리라	早晚重修聽輿評

6대손 재(栽)[14] 삼가 쓰다.　六世孫栽謹稿

---

13 마리(馬里) : 송강정 앞에 위치한 마산 마을을 말한다.
14 재(栽) : 정재(鄭栽, 1720~1788)이다. 초휘(初諱)는 재(梓)요, 자는 언용(彦用), 호는 동원(東園) 죽계(竹溪)이다. 『연일정씨족보(延日鄭氏族譜)』

송강 누정에 온 나에게	我到松江舍
주인인지 길손인지 묻지를 마라	不須問主賓
지금 화수회에 와서 보니	今來花樹會
모두 한 집안 사람이니까	知是一家人

우리 선조 누정 세우신 뜻	吾祖建亭意
돌아와 갈매기랑 벗함이라네	歸來伴白鷗
성은이 끝내 허락하지 않으시니	君恩終不許
은거하는 것을 포기하였다네[15]	辜負芰荷洲

계사년 오한 10세손 해길[16]　癸巳梧翰十世孫海吉

높다란 누정 죽록에 세워지니	高亭出竹綠
주인 있는데 어찌 손님이 없을까	有主豈無賓
물고기마저 서로를 잊는 데라서	湖魚相忘處
여기 오는 사람을 알 만하구나	應識此來人
삼백 년이나 흐른 오늘이라	至今三百載
지난 자취 물새에게 묻노라	往蹟問江鷗
물새는 내 마음을 아는 듯	江鷗如解意
종일토록 빈 섬에 서 있구나	盡日在空洲

아들 득원[17]이 명을 받들어 함께 쓰다.　男得源 承命并書

---

15 은거하는 … 저버렸다네 : 기하(芰荷)란 『초사(楚辭)』 「이소(離騷)」에서, "기하(芰荷)를 마름질하여 저고리를 짓고, 부용을 모아서 치마를 짓네."라는 구절에 출전한다. 마름이나 연 등을 말하여, 은거하는 것을 가리킨다. 임금이 늘 관직에 불러서, 은거할 수 없게 되었다는 말이다.
16 해길(海吉) : 정해길(鄭海吉, 1815~?). 본관은 연일(延日), 자는 여천(汝天)이다. 『연일정씨세보(延日鄭氏世譜)』
17 득원(得源) : 정득원(鄭得源, 1818~1887). 본관은 연일(延日), 자는 경행(景行)이다. 『연일정씨세보(延日鄭氏世譜)』

송강정사에서 자다
宿松江亭舍

삼십 년간 이름만 빌려 썼을 뿐	借名三十載
주인도 아니요 길손도 아니었네	非主亦非賓
지붕만 짚으로 겨우 덮어 놓고는	茅茨纔蓋屋
이내 몸 다시 북으로 가는구나	復作北歸人
주인과 객들이 함께 오고 보니	主人客共到
저물녘 피리 소리에 놀란 저 물새	暮角驚沙鷗
물새는 주인과 손 전송하는 듯	沙鷗送主客
물 가운데 섬에 다시 돌아내리네	還下水中洲
빈 뜰에 달빛은 밝게 비추는데	明月在空庭
주인은 어디로 떠나갔을까	主人何處去
낙엽은 사립문을 가리고 있고	落葉掩柴門

한밤중 솔바람만 나직이 속삭이네   風松夜深語

송강을 바라보며
望松江

한가하게 지내며 솔뿌리에 앉으니   歇馬坐松根
송강이 바로 눈 아래 있구나   松江在眼底
은거의 계획 이미 정했으니   幽棲計已定
장차 세밑에는 떠나가리라   歲晚吾將去

늘 원했던 건 물고기 되어   常願化爲魚
깊은 물 아래에 잠겨 있다가   潛於深水底
가을 오면 멀리 호수 사이로[18]   秋來夢澤間
비틀대다 양양하게 떠나는 거라네[19]   圍圍洋洋去

도문사에게 주다
贈道文師

조그맣게 죽록정 새로이 짓고   小築新營竹綠亭
송강 맑은 물에 내 갓끈을 씻네   松江水潔濯吾纓

세속의 거마 모두 거절하고서 　　　　世間車馬都揮絕
산달 강바람을 그대와 평하리라 　　　山月江風與爾評

사암[20]의 운에 차운하다
次思菴韻

몸은 병든 학과 같아 미처 귀향도 못했는데 　　身如病鶴未歸山
시냇가 송죽 골짜기 난초는 시들었겠지 　　　溪老松筠谷老蘭
한강의 가을바람 시름 속에 불어오고 　　　　漢水秋風愁裏渡
남쪽[21] 고향 길은 꿈에서도 아른대네 　　　　楚雲鄕路夢中漫
인간사 겪고 나니 머리 온통 희어지고 　　　　人情閱盡頭全白
세상맛 보고 나니 이도 더욱 시려지네 　　　　世味嘗來齒更寒
멀리 송강에 낚시하는 옛 벗 생각하며 　　　　遙憶松江舊釣侶
달밤에 노 저으며 앞 여울 내려가네 　　　　　月明搖櫓下前灘

　　　　　　　　　　　　　　　　　　　송강 松江

위는 선생이 쓰신 글 가운데 글자를 모은 것이다. 右先生手筆集字

18 풀이 많이 난 호수를 몽(夢)이라고 하였다. 몽택은 풀이 많이 자라난 호수이다.
19 어릿하다 … 거라네 : 춘추시대 정(鄭)나라 자산(子産)에게 누가 살아 있는 물고기[生魚]를 선사했을 때 자산이 교인(校人)을 시켜 못에 놓아주라고 하였다. 교인이 삶아 먹고는 복명하기를 "처음 놓아주었을 때는 기운없이 헤엄치더니 잠시 뒤에는 기운을 차리고 유연히 가네"라고 한 데서 온 말이다. 『맹자 만장상(孟子 萬章上)』 어어(圉圉)는 비틀거리는 모습, 양양(洋洋)은 활기차게 꼬리치는 모습이다.
20 사암(思菴) : 박순(朴淳, 1523~1589)의 호이다. 본관은 충주, 자는 화숙(和叔)이고, 시호는 문충(文忠)이다. 서경덕(徐敬德)의 문인으로, 문과(文科)에 장원하여 우의정과 영의정을 지냈다. 이이(李珥)와 성혼(成渾)을 변론하여 서인(西人)으로 지목받고 탄핵당하여 영평(永平) 백운산(白雲山)에 은거하였다. 한당체(漢唐體)의 시를 잘 지었으며, 저서로는 『사암집(思菴集)』이 있다.
21 남쪽구름[楚雲] : 초운(楚雲)은 중국 남방에 위치한 초나라 구름이라는 말로, 남쪽 지방을 뜻하는 시어(詩語)이다. 여기서는 남쪽의 창평을 말한다.

송강정유허수리시서
松江亭遺墟修理詩序

불초한 내가 어려서 우리 선조 문청공(文淸公) 송강 선생(松江 先生) 연보와 유고를 읽고, 송강정이 담양에 있고 '송강정사에 묵다'라는 시도 있음을 알았다. 또한 우계(牛溪) 선생의 유집에서 송강의 시에 차운(次韻)한 시를 읽고 매양 아침저녁으로 두세 번 읊조림에 유연히 감모(感慕)한 마음이 일어나 생각하기를 '어떻게 한번 누정에 올라가 우리 선조의 자취를 공경히 찾아볼까' 하였는데, 옆에 있던 사람이 이르기를 "폐허된 지 이미 오래되어 군데군데 무덤이 있으므로 이제 거의 찾아볼 길이 없게 되었다."라고 하였다.

내가 듣고 탄식하여 "이 무슨 말이냐? 평천장(平泉莊)은 비록 보존하지 못하였으나 이 누정을 어찌 이처럼 등한시 하여 버려둘 수 있겠느냐?"하고는 내가 20세가 되던 어느 날 흥이 일어나 노인에게 물어 그곳을 찾았다. 마침내 그 위에 올라가 주위를 바라보니 높은 언덕은 공동묘지가 되었는데, 위에는 허물어진 담과 주춧돌만 남아 모두 황폐되어 식별할 수 없었다.

  옛날 주자(朱子)가 "무너진 소평대(沼平臺)는 모두 풀들이 가득하고 초동, 목수들이 그 위에서 휘파람 불고 노래하며 노는구나."라고 한탄한 것이 바로 이를 두고 한 말일 것이다. 옛날을 우러르고 굽어보니, 어느덧 수백 년이 흐른 뒤라 서글픈 감회가 일어나 배회하며 차마 떠나지 못하였다. 이에 돌아가서 오물을 제거하고 중수할 뜻을 종중(宗中)에 도모했다. 의견을 같이하는 사람들에게 물어서 금년 봄에 선조 사우에 배알하고 그대로 누정 터에 가서 몇 그루의 소나무를 심고, 또한 가까이 있는 여덟, 아홉 군데 무덤 주인을 설득시켜 이장케 하였다. 마치 옛날 서시(西施)[22]가 불결을 무릅썼다가 하루아침에 맑고 시원한 물로 씻은 것 같았으니 이것이 어찌 땅도 또한 현회(顯晦)의 운수가 있어서 그런 것이 아니겠는가?

  회옹(晦翁)[23]의 선조무덤은 일찍이 타인의 소유가 되었고 무원

---

22 서시(西施) : 춘추 시대 월(越) 나라의 미녀였는데, 월왕 구천(越王句踐)이 적이었던 오왕 부차(夫差)를 미혹시키기 위하여 오나라로 보냈다.
23 회옹(晦翁) : 회암(晦庵) 주희(朱熹, 1130~1200)를 말한다.

(婺源)²⁴의 옛 터도 여러 차례 인근 사람에게 침탈을 당하였으니, 회옹 같은 분도 오히려 이와 같았는데 하물며 나머지 사람들이야 어떠하겠는가? 회옹께서 흙을 모으고 돌을 세우면서 이르기를 "감히 그 나무람을 사양하겠는가? 나무람에 감사할 뿐이다."라고 하였으니 마치 우리 종중을 위해서 준비한 말과 같다. 그런 즉 우리 종중이 나무람에 감사한다는 것은 다름이 아니라 다만 정사를 유허지에다 중건하고 그 뜻을 잇고 그 일을 이루는 것이니 우리 종족들이 힘쓰지 않을 수 있겠는가?

옛날에 안락정(顔樂亭)[25]은 정자(程子)[26]와의 거리가 1,500여 년이나 되었지만 정자가 오히려 말하기를 "물도 차마 없애지 못하고 땅도 차마 묵힐 수 없다."라고 하였다. 주자는 남강(南康)에 있을 때 일찍이 염계서당(濂溪書堂)[27]에 항상 마음을 두었으니 이는 성현이 거처하였던 곳을 사모하는 마음을 붙이고서 끝내 감추어져서 드러나지 못할까를 두려워했을 뿐인데 하물며 이 누정의 터는 이미 우리 선조가 살던 곳인데 후손의 마음에 어찌 정자, 주자

---

24 무원(婺源) : 현재 중국 장시성[江西省] 상라오[上饒]에 있는 현(縣)으로 주자가 태어난 곳이다.
25 안락정(顔樂亭) : 소동파(蘇東坡)의 「안락정시서(顔樂亭詩序)」에 의하면, 공자의 제자 안연(顔淵)이 옛날 살았던 누항(陋巷)에 우물이 하나 있었으나 안씨들이 살지 않은 지 오래되었다. 북송(北宋) 때 교서 태수(膠西太守) 공종한(孔宗翰)이 그 땅을 얻어 우물을 파고 그 곁에 누정을 짓고는 '안락정'이라 이름 붙였다고 한다.
26 정자(程子) : 중국 송나라의 유학자인 정명도(程明道, 1032~1085)와 정이천(程伊川, 1033~1107) 두 형제를 말한다.
27 염계서당(濂溪書堂) : 송(宋)나라의 유학자 주돈이(周惇)가 만년에 은퇴하여 후학을 양성하던 곳이다.

두 선생의 안락정, 염계서당 정도에 그칠 뿐이겠는가?

　우리 동방에 있어서는 율곡(栗谷)의 화석정(花石亭)[28]과 우암(尤庵)의 쌍청당(雙淸堂)[29]이 모두 개수되어 드러났으니 오늘날 우리 종중에서 율곡과 우암 두 선생을 사모하는 것처럼 선조의 누정을 중수하는 하나의 일이 어찌 좋은 일이 아니겠는가? 또한 생각건대, 누정의 터가 큰 들 가운데 있어서 수호하기 어려움을 내가 매우 걱정하였는데 누정 밑에 있는 마산(馬山) 마을 어른들이 송강 상공의 유허(遺墟)임을 알고는 초동, 목수가 침해하지 못하도록 해주었다. 옛적에 황무한 것이 이제 다시 울창해졌으니 이는 하인들도 사마(司馬)를 안다는 뜻인가,[30] 아니면 우리 선조 관찰사의 고을에 오히려 감당(甘棠)[31]의 유애(遺愛)가 있어서 그런 것인가?

　내가 일로 인하여 여러 차례 이 정허(亭墟)에 들렀는데 인근 마을 사람들이 이곳을 '송강정'이라 부른 사람은 적고 '죽록정(竹綠

---

28 화석정(花石亭) : 파주(坡州)에 있던 누정인데, 조선 초기의 문신으로 벼슬이 지돈녕부사(知敦寧府事)에 이른 이명신(李明晨)이 세운 곳이다. 이명신은 율곡(栗谷) 이이(李珥)의 5대조이다.
29 쌍청당(雙淸堂) : 송유(宋愉, 1388~1446)선생의 호를 따서 지은 당호이다. 송유의 본관은 은진(恩津), 호는 쌍청당(雙淸堂)이다.
30 주졸들도 … 뜻인가 : 송(宋)나라 사마광(司馬光)이 당대에 명망이 매우 높아 그의 이름을 모르는 사람이 없었다고 한다. 그에 대해 읊은 소식(蘇軾)의 「사마온공독락원(司馬溫公獨樂園)」에는 "아동들도 군실을 외우고 하인들도 사마를 안다."라는 내용이 있다.
31 감당(甘棠) : 『시경(詩經)』〈소남(召南)〉의 편명(篇名)이다. 주(周)나라 무왕(武王) 때 소공(召公)이 서백(西伯)으로 선정(善政)을 베풀었으므로, 백성들이 그를 추모한 나머지 그가 잠시 그늘 아래 쉬었던 감당나무를 기념하여 잘 가꾸며 보존하는 한편, 이를 노래로 지어 불러 칭송하였다는 고사가 있다.

亭)'이라고 부른 이가 많았다. 처음 들었을 때에는 이상하게 생각되어 여러 사람에게 상세하게 물어보니, 정의 유허는 송강이라 하거나 또한 죽록이라 한 유래가 오래되었다. 또 누정의 터 아래에 내를 죽록이라 하고 평야 또한 죽록이라고 하였다. 내가 또 본 현 읍지를 찾아보니 또한 '송강정은 현의 서쪽 죽록천변에 있다.'고 하였다. 마침내 '죽록'이라는 하나의 설을 써서 봉암(鳳岩) 재종에게 알리니, 그가 하는 말이 "기암공(畸菴公)[32]이 서울에 있을 적에 우리 고조부 곡구부군(谷口府君)[33]에게 보낸 글을 읽어보면 죽록정을 잘 보호하라 하였고, 또 근래에 문청선조(文淸先祖)의 일고(逸稿)를 얻었는데 「신영죽록(新營竹綠)」이라는 시가 있다."라고 하였으니 죽록정은 곧 송강정의 일명이다.

  무릇 이 사실의 전말을 기록하지 않을 수 없어서 마침내 송강, 우계 두 선생의 시를 대충 엮어서 기록하였으니 이것은 대개 주자가 말씀하신 집은 완성되지도 않았는데 시가 이미 이루어졌다는 뜻이라고 할 수 있다. 우리 종친과 동지 그리고 여러 군자들이 수창(酬唱)을 보내서 이 누정의 전고(典故)가 되게 한다면 어찌 도움이 되지 않겠는가? 이것 또한 율곡, 우암 두 선생에게서 본받은 것이 있어서 그런 것이니 보는 자가 용서하고 비웃지는 않을는지.

---

32 기암공(畸菴公) : 기암은 정홍명(鄭弘溟, 1592~1650)의 호이다.
33 곡구부군(谷口府君) : 정한(鄭漢, 1599~1652)을 말한다. 자는 수원(壽源), 호는 곡구(谷口)이다. 통훈대부 사헌부 집의에 추증되었다.

강산의 아름다움과 사물의 넉넉함은 거론할 겨를이 없다.

숭정 기축년 (1769년)[34] 10월 3일
6세손 정재(鄭栽) 삼가 쓰다

　余不肖在童時, 盥讀吾先祖文淸公松江先生年譜及遺稿, 始知松江亭在於潭陽地, 而有宿亭舍詩, 旣又讀牛溪成先生遺集, 有次松江韻詩, 每於晨夕三復諷詠, 油然有感慕之心, 以爲安得一登亭上, 敬尋吾先祖遺躅云爾, 則有人從傍而曰: "廢棄已久, 爲累累塚之地, 今無足觀矣." 余聞而慨然曰: "是何言也, 平泉雖不得永保, 斯亭豈可等棄之如是也?" 及弱冠一日, 乘興而往, 詢野老而得其處, 遂登其上而周覽焉, 則歸然一邱便作北邙, 而破礎頹垣, 無復餘存, 荒穢堙廢, 殆不可辨識. 朱夫子所歎, "沼平臺傾, 鞠爲灌莽, 而樵兒牧子嘯歌躑躅於其上者." 正謂是爾. 俯仰疇昔, 倏爾數百年之久, 愴感興懷, 徘徊不忍去矣. 於是, 歸而掃穢重修之意, 謀于宗中, 詢謀僉同. 今年之新正, 謁于先祖祠院, 仍往亭墟, 種松若干株, 又介人調多塚之主, 諭以事理, 使之移去, 其切近處八九塚, 有如西子蒙不潔, 而一朝洗濯於淸冷之水也, 此豈非地亦有顯晦之數而然耶? 晦翁祖塋,

---

34 숭정 기축년은 1649년인데, 저자의 생몰년에 따른 기축년은 1769년이다.

嘗被他人之占奪, 婺源遺居, 屢見侵削於隣幷夫, 以晦翁而猶尙如此, 則況其餘人乎? 晦翁崇土伐石而曰: "敢謝其譴夫謝擅之"云, 似若爲吾宗準備也. 然則吾宗謝擅非他也, 只在重建亭舍於遺址之上, 而亦所以繼其志, 述其事也, 惟吾宗可不勉之? 惟昔顔樂亭, 其距程夫子千五百年, 而夫子之言猶曰"水不忍廢, 地不忍荒." 朱夫子在南康, 未嘗不倦倦於濂溪書堂, 蓋於先聖賢之居, 以寓羹墻之慕, 而恐其終於晦而不顯耳, 況此亭墟旣爲吾先祖棲息之地, 則其在後孫之心, 豈但如程朱兩夫子之於顔亭濂堂而止哉? 至若我東栗谷之於花石亭, 尤翁之於雙淸堂, 皆改構而表章之, 今日吾宗於先亭重修一事, 如能企慕栗尤兩先生而爲之豈不休哉? 且念亭墟處於大野之中, 難於禁護, 余甚病之, 亭下馬山村故老輩, 聞知松江相公遺墟, 願爲禁呵樵竪之侵軼. 昔之童兀者, 今焉蒼鬱, 是蓋走卒知司馬之意, 而抑吾先旬宣之鄕, 尙有甘棠之遺愛而然歟? 余以事屢至亭墟, 傍近諸村人謂亭墟曰'松江亭'者僅有, 而曰'竹綠亭'者多矣. 余聞初而異, 詳叩於諸人則曰: 亭墟固謂之松江, 而亦謂之竹綠者, 流來久矣. 且亭墟之下, 川名竹綠, 坪名亦竹綠也. 余又取考本縣邑誌, 亦曰'松江亭在於縣西竹綠川上.' 遂而竹綠一說書, 告于鳳岩再從氏, 則以爲畸菴公在京, 而與書於吾先高王考谷口府君, 由竹綠亭善護之, 近又得文淸先祖逸藁, 有'新營竹綠'之詩, 蓋竹綠卽於松江亭之一名也. 凡茲事之顚末, 亦不可無記, 遂謹用松牛兩先生詩韻, 構拙以志之, 蓋朱夫子屋未就而詩已成之意也. 吾宗及同志大雅諸君子, 倘賜酬唱, 俾作斯亭之一典故, 則亦豈無助? 是亦余有受於栗尤兩先生而然矣, 觀者恕而不譏否?

若夫江山之勝景, 物之富有不暇論云.

         崇禎屠維赤奮若應鐘之朏 六世孫 栽謹序

광주문화재단 누정총서 **6**
송강정

초 판 1쇄 찍은 날 2018년 12월 11일
초 판 1쇄 펴낸 날 2018년 12월 17일

글 이상원
현판 번역 김대현
여행 길잡이 전고필
사진 안갑주

펴낸곳 (재)광주광역시 광주문화재단
펴낸이 김윤기
발행부서 (재)광주광역시 광주문화재단 전통문화관 무등사업팀
　　　　　61493 광주광역시 동구 의재로 222
　　　　　전화 062-232-2152

만든곳 도서출판 심미안
주소 61489 광주광역시 동구 천변우로 487(학동) 2층
전화 062-651-6968
팩스 062-651-9690
메일 simmian21@hanmail.net
블로그 blog.naver.com/munhakdlesimmian
등록 2003년 3월 13일 제05-01-0268호

값 10,000원
ISBN 978-89-6381-269-4 04900
ISBN 978-89-6381-263-2 (SET)